图书馆服务品牌建设与创新发展

——第三十届十五城市公共图书馆研讨会案例汇编

肖　平　主编

国家图书馆出版社

图书在版编目（CIP）数据

图书馆服务品牌建设与创新发展：第三十届十五城市公共图书馆研讨会案例汇编 / 肖平主编 . -- 北京：国家图书馆出版社，2018.9

ISBN 978-7-5013-6590-6

Ⅰ . ①图…　Ⅱ . ①肖…　Ⅲ . ①公共图书馆—图书馆服务—中国—文集　Ⅳ . ① G259.252-53

中国版本图书馆 CIP 数据核字（2018)）第 218029 号

书　　名	图书馆服务品牌建设与创新发展——第三十届十五城市公共图书馆研讨会案例汇编	
主　　编	肖　平	
责任编辑	王炳乾	
封面设计	耕者设计工作室	
出　　版	国家图书馆出版社（100034　北京市西城区文津街 7 号） （原书目文献出版社　北京图书馆出版社）	
发　　行	010-66114536　66126153　66151313　66175620 66121706（传真）　66126156（门市部）	
E - mail	nlcpress@nlc.cn（邮购）	
Website	www.nlcpress.com →投稿中心	
经　　销	新华书店	
印　　装	北京鲁汇荣彩印刷有限公司	
版　　次	2018 年 9 月第 1 版　2018 年 9 月第 1 次印刷	
开　　本	710×1000（毫米）　1/16	
字　　数	160 千字	
印　　张	12.75	
书　　号	ISBN 978-7-5013-6590-6	
定　　价	65.00 元	

编委会

序

　　20 世纪初，现代意义的公共图书馆首次在中国出现。百余年来，中国的公共图书馆事业始终与国家和民族同呼吸、共命运，走过炮火硝烟，走过风雨波折，走过峥嵘岁月，走过改革开放，走进波澜壮阔的中国特色社会主义新时代，走出了一条具有鲜明中国特色的公共图书馆事业发展道路。一代代图书馆人不懈努力，秉持共同的理想信念，始终致力于将公共图书馆建设成为博尔赫斯心目中"天堂的模样"。今天的公共图书馆，在公民终身学习、经济社会发展、文化繁荣兴盛的时代主旋律中发挥着越来越重要的作用。

　　在图书馆事业发展大军中，有一个十分活跃的群落，由广州、武汉、哈尔滨、沈阳、成都、南京、西安、长春、济南、杭州、大连、青岛、深圳、厦门、宁波等 15 个副省级城市的图书馆组成。这15 座城市是中国经济社会发展最具活力的城市群，其图书馆的发展与城市的发展相得益彰。这 15 座图书馆各具特色，或为所在地区的文化地标，或为历史悠久的地方文化重镇，或为市民安放心灵的文化港湾，或为书香萦绕的城市书房。无一例外的是，它们在探索中形成了诸多服务品牌和创新案例，创造了公共图书馆事业发展的诸多中国经验和中国模式，为推动中国公共图书馆事业的发展做出了独特贡献，也为所在城市增添了一抹亮丽的色彩。

　　《中华人民共和国公共图书馆法》要求，"公共图书馆应当按照平等、开放、共享的要求向社会公众提供服务"，这是国家公权力对公共图书馆精神的集中完整表述，也是图书馆人一直以来的价值追求。本书汇集的来自这 15 个副省级城市图书馆的服务案例，正是对这一要求的生动践行，其中既有对弱势群体的文化关怀，也有对创新创业的专业支持、对大众阅读的新型服务，更有对传统文化的传承弘扬。从某种意义上说，本书所提供的案例正是近年来我国公共图书馆事业蓬勃发展的一个缩影，其中所展现出的勃勃生机正是对新时代图书馆精神的刻画。将这些案例结集出版，既可为我国图书馆事业研究提供鲜活资料，也可为其他图书馆的服务创新提供借鉴思路。当然，如能让更多社会公众因此而了解图书馆、认同图书馆、走进图书馆，则善莫大焉。

伏尔泰曾说："当我们第一遍读一本好书的时候，我们仿佛觉得找到了一个朋友；当我们再一次读这本好书的时候，仿佛又和老朋友重逢。"愿这本书成为你我共同的朋友，愿图书馆成为你我永远的朋友。

申晓娟

2018 年盛夏

于北京·国家图书馆

目　录

读者服务与品牌建设

阅读推广活动

创新发展与探索

读者服务
与品牌建设

总有一种声音打动你：
杭州图书馆音乐分馆建设

杭州图书馆

音乐是人类的第二语言，它没有国界，不用翻译，能表达语言无法表达的感情；音乐更是提升城市品质、提高市民文明素质的有效手段。

最早的公共音乐图书馆出现于 12 世纪的欧洲。进入 21 世纪后，在欧美的主要城市中，大约平均每 1 万人就拥有一家公共音乐图书馆。这些公共音乐图书馆多以公共图书馆分馆的形式出现，除保存管理文献资源以外，还承担着面向市民的娱乐休闲、教育培训职能。

与西方公共音乐图书馆发展历史相比，我国公共音乐图书馆出现得比较晚。2008 年建成开馆的杭州图书馆音乐分馆是全国范围内较早以音乐为服务内容的主题性公共图书馆，是杭州图书馆在参照国外先进经验，面对城市文明程度不断上升、市民精神文化需求不断提升时做出的创新之举。杭州图书馆音乐分馆概念的提出，得到了政府的关注和重视，在硬件设施、文献采购以及人才配备等方面都得到其大力支持。

高品质的场馆建设、丰富的文献馆藏、专业的人才结构为杭州图书馆音乐分馆的服务奠定了扎实的基础。音乐分馆结合公共图书馆的特点，主动融入"音乐之城"的建设，以"通俗音乐经典化、古典音乐流行化、民族音乐国际化"的精准定位，酝酿出了"总有一种声音打动你"这一服务品牌。

3

"总有一种声音打动你"是顺应音乐分馆服务理念而生的服务品牌。品牌名称通俗易懂，即通过不断向社会输出各种形式的声音艺术，让不同的受众在音乐分馆里都能找到自己想要听的音乐和喜欢的活动，从而达到传播先进文化、促进社会文明与进步的功用。

　　与音乐分馆相伴近10年中，"总有一种声音打动你"经历了创建、规范和拓展的品牌优化过程，以年均200场的活动频次实现了品牌的公益性、丰富性、持续性和亲民性。具体来说，主要是完成了以下三个方面的设计：

　　● 通过对活动受众的细分，明确服务层级。即让不喜欢音乐的读者接受音乐，喜欢音乐；为喜欢音乐的零基础读者做好音乐知识的普及和入门引导；为初级的音乐爱好者提供高层次的音乐讲座；为有音乐专业背景或特长的读者搭建展示自我的平台。

　　● 通过对活动主题的细分，厘清服务手段。音乐普及类主题主要通过对音乐基础知识的学习以及对各种音乐类型风格的欣赏与认识达到音乐普及的目的；音乐沙龙类主题主要为音乐爱好者提供一个互动交流的空间，让市民读者获得与音乐名人、音乐学者、音乐达人近距离接触、自由交流的机会；音乐讲堂类主题则是借助杭州图书馆300人多功能报告厅，为市民读者提供高品质的普及音乐会和高水准的音乐大师班。

　　● 通过对活动资源的整合，提升服务品质。作为浙江省省会城市的杭州，有着丰厚的音乐土壤，与音乐相关的院校、院团，音乐厅、大剧院以及各类音乐机构、团体不胜枚举，这些都是值得杭州图书馆音乐分馆不断挖掘、深耕、利用的社会资源。找准社会合作的切入点，对不同类别的资源进行有序整合，是提升服务品质、打响品牌美誉度的最有效的手段之一。

　　在十年的品牌建设过程中，在确保以上三个方面的设计不变的前提下，"总有一种声音打动你"顺应时代发展和读者需求，对服务手段、服务内容进行不断的优化改进。这一品牌下的系列活动呈现出"既推陈出新，又一脉相承"的特点。

一、以馆员为主导的音乐文献推介与使用——从 "西方音乐史"到"经典正流行"

音乐图书馆的专业性较强，传统的图书馆学知识远远不能满足音乐图书馆日常业务的开展，因此具有学科背景的专业馆员队伍建设非常重要。杭州图书馆音乐分馆无论在业务建设还是品牌建设上，都很大程度依托了专业馆员的业务优势。

最早支撑起"总有一种声音打动你"品牌活动的就是音乐分馆的"80后"团队。他们大部分是来自于音乐相关专业的研究生、本科生，这些年轻的馆员利用自己的专业背景，不请外援就把形式各异的活动举办得有声有色。因为年轻，他们思想活跃，接受力强，每一场活动都新鲜而接地气。

馆员们还通过开展读者需求调查，分析读者的现状、年龄结构、兴趣爱好等，持续改进服务的方式方法。有馆员注意到，老年读者中不乏品味高雅、素养深厚的音乐爱好者，他们有时间，坐得住，求知欲高。于是，音乐分馆于每周三下午在高保真听音室里开设"西方音乐史"的课程。在课程开讲的两年间，这些老年读者几乎是风雨无阻，每场必到。

随着"西方音乐史"课程的结束，音乐分馆获得了在电台媒体上开设音乐栏目的机会。在参考了大量国内外音乐节目设计方案后，负责栏目制作的馆员将节目取名为"经典正流行"，以每周两期的频率为市民听众解读古典音乐对流行音乐的影响。根据电台的后台数据统计，"经典正流行"收听率稳定，换台率远低于同城同类其他音乐节目。

此类以专业馆员为主导的活动，会大量使用到馆藏音乐文献，活动开展的过程其实也就是文献服务的过程。这也让市民读者们看到了音乐文献的另一种打开方式。

二、请最专业的人来做最普及的事——从"音乐公益讲师团"到"国际音乐节大师班"

借助社会力量，通过社会化合作来丰富和提升公共文化服务的数量和品质，这是近年来公共图书馆界通用的一种服务提供方法。

杭州在"音乐之城"的建设过程中，深耕厚植，资源繁茂。音乐分馆要做的就是将"总有一种声音打动你"打造成一个能够对资源进行重新整合、全新融合的平台。平台的最大优势就在于公共图书馆的公益性以及公信力。图书馆的公益性，使得不同院校的老师、不同院团的乐手、各类社会音乐人，可以放下边界和顾虑，面向社会民众展示自我，携手合作，共同思考、设计有利于普及音乐之美的创新型活动。

在与社会力量的合作中，杭州图书馆音乐分馆会与对方共同签订"音乐公益讲师合作协议"，并为其授予年度公益讲师证书。协议主要是对公益合作及服务次数做了原则性的规定，在活动开展过程中，公益讲师们给予的回应远远超过了音乐分馆的预期。公益讲师为市民读者设计了"市民音乐普及班""杭州图书馆夏季音乐会"两个可长期开展的音乐项目。普及班以学年为单位，由公益讲师们共同设计课程并授课，确保市民学员接受了一年的学习后，在乐理、乐史等方面获得大的提升。夏季音乐会同样套用了共同设计、合作演出的形式，虽然演出规模都不大，以室内管乐、弦乐为主，但开放、自由的"快闪"

式乐队组建形式吸引了很多年轻乐手的参与，甚至远在台湾、香港地区的音乐表演家也会专程赶来参与其中某场的演出。

"市民音乐普及班"和"杭州图书馆夏季音乐会"的推出，不仅丰富了市民的文化生活内容，在提高城市音乐文化水平、培育音乐文化土壤方面也起到积极的作用，取得很好的社会美誉度。杭州爱乐乐团以团体公益讲师的身份加入进来，定期在图书馆举办交响音乐会。

杭州从 2017 年开始举办国际音乐节，这是一个由政府为主导的高规格音乐盛会。杭州图书馆音乐分馆从一开始就被认为是音乐节大师班的最合适承办方。在各方的共同努力下，卞祖善、何占豪、俞丽拿、杨燕迪、朱亦兵等具有国际影响力的著名音乐家走进图书馆，为杭州市民做了一场又一场深入浅出、韵味悠远的音乐普及讲座。

2015 年，杭州爱乐乐团在杭州图书馆大厅举办交响音乐会

三、用读者的声音来打动读者——从"广场音乐会"到"音乐 TED"

　　鼓励市民读者参与图书馆建设，将图书馆建设成一个读者展示自我的平台，是杭州图书馆一直以来所倡导的服务理念。对于"总有一种声音打动你"来说，就是要考虑如何在音乐普及的过程中，让读者获得更强的参与感，用读者的声音来打动读者。

　　2012—2013 年暑期，"总有一种声音打动你"借用杭州图书馆露天小广场，搭建起了一个市民音乐角。这是一个以市民自娱自乐、自愿参与的形式，给热爱音乐、喜欢音乐的市民提供一个展示自我、

2017 年，音乐无穷脱口秀上，医生洪剑飞在弹钢琴

唱响音乐、享受生活的舞台。虽然舞台简陋，但是乐曲悠悠，其声融融，这种"随意化、群众化、亲民化"广场纳凉晚会式的活动，很快就聚集起了非常高的人气，还吸引了歌迷粉丝们主动要求参与活动设计，举办以模仿秀为主题的广场卡拉OK。

2016年，在音乐分馆成立8周年之际，"总有一种声音打动你"策划了一场名为"音乐无穷"的音乐。TED演讲通过媒体海选，节目确定制作黑胶唱机的工匠、带着钢琴去旅行的外科医生、第一个把民谣音乐带进杭州的酒吧老板以及叫作"TNT"的阿卡贝拉人声乐团为演讲嘉宾。这些嘉宾与听众们分享了自己与音乐的故事，通过这一方式告诉人们，音乐一定会让生活更美好。

"音乐无穷"脱口秀不仅吸引了众多读者到场聆听，还吸引了网易直播、二更视频等颇具影响力的新媒体前来采录他们需要的内容。

四、让声音的艺术打动更多心灵——从"爱心观影"到"残健共融"

"通过不断向社会输出各种形式的声音艺术，让不同的受众在音乐分馆里都能找到自己想要听的音乐和喜欢的活动，从而达到传播先进文化、促进社会文明与进步的功用"，这样的品牌定位决定了杭州图书馆音乐分馆的服务内容不能仅仅局限于传统意义上的音乐，而应该包含各种声音的艺术。基于杭州图书馆"平等、免费、无障碍"的服务宗旨，"总有一种声音打动你"积极服务弱势群体将服务的触角延伸到了视障人群。

"总有一种声音打动"充分利用设备和场馆的优势，定期邀请杭州知名主持人到场，为视障读者解说电影。在影片放映过程中，主持人利用情节对话的空白时间，把电影里每一处镜头转换、画面色彩、人物外貌、穿着打扮、动作等同步描述出来，配合富有艺术感染力的表达，让视障读者只用耳朵聆听，就能尽情地投入电影世界中。

除阵地服务之外，"总有一种声音打动你"还深入各级残联、残疾人托养机构、康复中心、特教学校、街道（社区）残疾人服务站等残疾人福利机构，推广和开展"爱心观影"活动。在观影的同时，负责活动的馆员还会为视障读者做好个人信息资料登记备份，以便在下一次活动之前能与其联系。

2010年至今，面向视障读者的"爱心观影"活动已经整整持续了八年。音乐分馆因此先后被授予"杭州市残疾人无障碍视听体验基地""杭州市阳光助残志愿服务基地""2014年全国盲人阅读推广优秀单位""浙江省助残爱心第一馆"等称号和荣誉。

鉴于此，在"爱心观影"活动之后，"总有一种声音打动你"开始策划更多体验感强、融入性好、惠及更多人的声音艺术传播活动。

2012年国际助残日，"总有一种声音打动你"携手浙江昆剧团，为听觉与语言障碍的读者们献上了昆剧《雷峰塔传奇》。这是一台特别温暖人心的演出，这里不仅有声音之美、身段之美，还有手语志愿者的现场手语翻译，这让台下的残障读者第一次"听"见了昆曲。在演出换场的间隙，他们还用手语与身边的同伴交流感受。

2015年国际助残日，"总有一种声音打动你"与杭州市残联共同策划了以"残健共融"为主题的音乐交流会。残联下属的自强合唱团与有"杭州合唱金名片"之称的杭州市民合唱团同台交流，共唱欢歌。也是从那一次开始，自强合唱团开始越来越多地参与各类社会演出活动，向公众展示自己的风采。

传承传统文化：
大连图书馆"白云系列"文化活动

大连图书馆

习近平总书记在中国文学艺术界联合会第十次全国代表大会、中国作家协会第九次全国代表大会上的讲话中指出："中华民族生生不息绵延发展、饱受挫折又不断浴火重生，都离不开中华文化的有力支撑。中华文化独一无二的理念、智慧、气度、神韵，增添了中国人民和中华民族内心深处的自信和自豪。"文化是中华民族赖以生存的根基。公共图书馆是社会教育的重要提供者，是广大人民群众的终身教育基地。大连图书馆作为有着百年历史的"老馆"，一直以弘扬中华优秀传统文化、打造城市文化底蕴为己任，依托白云书院，开展各种形式的文化活动，形成了享誉国内外的国学义塾、白云系列文化讲座、书"春"大赛、白云吟唱团古典诗词吟唱、白云美术展览等系列文化品牌，以此传播优秀的中华传统文化，丰富市民文化生活，发挥公共图书馆的社会教育职能，在增强市民民族认同感和民族自豪感的同时，也让优秀传统文化成果更好地惠及市民。2013年，"白云系列活动"荣获文化部第十届"群星奖"项目类奖；2014年，白云书院被国家古籍保护中心确定为首批"中华优秀传统文化实践基地试点单位"。

白云书院

一、白云书院的创办宗旨

大连图书馆始建于 1907 年，前身为"南满洲铁道株式会社图书馆"。现有馆舍 4 万平方米，馆藏各类文献（含电子书）720 万余册，其中 55 万册古旧书籍自成体系，独具特色。馆藏中的许多文献为享誉海内外的稀世珍本，有 129 部古籍入选《国家珍贵古籍名录》，734 部入选《辽宁省珍贵古籍名录》。2008 年 1 月大连图书馆被国务院确定为首批"全国古籍重点保护单位"。在文化部组织的公共图书馆评估中，大连图书馆连续五次荣获"国家一级图书馆"称号。在 2017 年的文化部全国公共图书馆第六次评估中，大连图书馆被文化部专家组誉为"知识殿堂、艺术场所、荣誉高地、创意园区，在全国图书馆中具有引领示范作用"。

守望与传承是文化发展的核心，也是图书馆担负的使命。为了更好地弘扬中华优秀传统文化，提高大众的文化素养，20 世纪末，大连图书馆创办了白云书院，其宗旨是"延续国学薪火，弘扬传统文化；研读圣贤经典，为学经世致用"。十余年来，白云书院在探索中前行，在实践中创新，走出了一条"图书馆＋书院"的文化服务和社会教育模式，在国内外引起强烈反响，受到社会各界的普遍关注。

二、白云书院情况介绍

白云书院取"白云"二字，缘于大连图书馆地处大连美丽的风景区白云山麓。白云书院位于大连图书馆内，占地近 2000 平方米，有专业教室 5 个（3 个位于主馆，2 个位于分馆），展厅 1 个、多功能厅

2个，可容纳听众900名，在大连市内的白云新村小学、八一路小学建有2个国学教育基地。

白云书院的主要活动包括：国学义塾、传统文化系列讲座、书"春"大赛、白云吟唱团古典诗词吟唱、白云美术展览、学术研究和出版。

1. 白云书院国学义塾

国学义塾是一所免费为青少年提供传统文化教育的公益学堂，其宗旨是以传承传统文化教育为主导，以培养少年儿童的国学基础为重点，免费向社会开放，让更多的青少年接受传统文化的熏陶。为了营造良好的教学环境，白云书院主体建筑依照明清书院的风格进行装修，设博文堂、立雪堂、依仁堂、仰山堂、依礼斋，大厅供奉孔子铜像，在走廊两厢树立儒家各时期具有代表性的孟子、荀子、董仲舒、朱熹、顾炎武等人物的碑石线刻造像，以此纪念先圣先贤，激励后学后进。参加义塾的学生统一着蓝布国服，追求传统文化教育内容与形式的完美统一。

延续传统书院精神，结合当下社会实际，大连图书馆制定了《白云书院学规》：

> 延续国学薪火，弘扬传统文化。
>
> 入院均须尊师，向学更要重道。
>
> 学为己身立本，砥砺志气品节。
>
> 研读圣贤经典，为学经世致用。
>
> 举止整齐严肃，立身明礼敬人。
>
> 读书务必四到，疑误即时明析。

国学义塾是依照传统书院模式来运作的社会教育机构，其管理模式有别于全日制义务教育阶段的学校管理模式。全院设置 13 个班型，招生对象是 6—12 周岁的少年儿童。在教学方式上，采用中国传统的授课模式。在课程设置上，分为：蒙学类（《弟子规》《千字文》《三字经》《唐诗三百首》《笠翁对韵》）、四书类（《论语》《大学》《中庸》《孟子》）、《老子》《诗经》和书法。国学义塾创办以来，先后培养学员 4000 余名。

2. 白云系列文化讲座

白云系列文化讲座创办于 2001 年 8 月，是面向广大市民的公益性讲座。十余年来，白云系列文化讲座始终坚持"高端讲座"与"市民讲座"相结合的原则，逐渐形成了传统文化、市民文化、大连历史文化和开卷读书四个系列讲座，其中尤以传统文化讲座影响较大。17 年来，参与传统文化讲座的名家和学者共计 663 名，就传统文化领域中的历史、文学、艺术、宗教、哲学等问题进行了精辟论述。曾邀请到包括李学勤、周笃文、卞孝萱、乌丙安、钱逊、杨新、楼宇烈、葛建雄、裘锡圭、龚鹏程、虞万里、李零、杜维明、王充闾、上山大峻、木田知生等国内外一流学者莅临讲座，传经论道。在传统文化讲座之外，为满足更多市民不同方面的文化需求，还开设了以健康、科普、艺术、教育和大连本地历史文化为主要内容的市民文化和大连地方文化两个系列讲座。

目前，白云书院的讲座资源被整理成"白云书院讲座数据库"，免费推送各地，拓展了讲座服务的范围。讲座开办至今，已先后举办 500 余场，听众达 10 万余人次，形成了广泛的社会影响，被听众亲切地称为"没有围墙的大学""提高人文素养的城市教室"。

3. 书"春"大赛

书法是中国传统教育的重要内容。为向大连市青少年普及书法

2018 年第十五届书"春"大赛

知识，提高书法水平，白云书院自 2004 年开始举办"书院杯"大连市书"春"大赛，是大连地区最大的青少年书法赛事。该项赛事已经成功举办了十五届，累计吸引近 3000 名海内外青少年书法爱好者参与其中。每年农历正月十四，所有参赛选手身穿传统服装，挥毫泼墨书写"春"字及与春有关的成语、诗句，既增添了传统节日的文化韵味，又增强了青少年对中国传统文化的认同感。

4. 白云吟唱团古典诗词吟唱

"不学诗，无以言"，古典诗词是我国传统文化中的一块瑰宝。为了加强大众对古典诗词的理解，继承和发扬诗词吟咏艺术，2001 年 8 月白云吟唱团成立，以中国古典诗词为演唱内容，以辽南旧时书房音调为基础，将辽南地区传统的吟诗方法同现代音乐相融合。演出主要曲目有《兼葭》《夜行黄沙道中》《长相思》《秋兴八首（之一）》《茅屋为秋风所破歌》《游子吟》《赋得古原草送别》《静夜思》《雨霖铃》《回乡偶书》《将进酒》《春夜喜雨》《春日》

等。白云吟唱团成员均为大连图书馆馆员，平时参加馆内正常工作，利用业余时间集体排练，成立以来为学校、机关、军营等社会各界演出近百场，曾应邀在日本枥木县那须地区文化艺术节和中国国家图书馆艺术节上演出，并在中央电视台多个栏目中表演吟诵曲目，产生了强烈的社会反响。

5. 白云美术展览

"白云美术馆"成立于 2002 年，拥有 500 平方米专业展厅，举办过形式多样、信息丰富的各类书法、绘画、摄影、雕塑等公益展览。曾成功举办"全国第四届书法扇面展""全国第五届篆刻艺术展览""一轮明月——李叔同遗墨展""书法男女 20 家作品展""彩墨生辉——大连中東书画名家邀请展"等大型展览，备受海内外瞩目。此外，还经常举办全国各地名家个人作品展，规模虽小，却拥有较大的影响力，适应不同观众的欣赏标准，使展览更有针对性。

另外，"白云美术馆"还承担着推广大连图书馆特色馆藏、强化自身品牌效应的任务。曾多次举办"大连图书馆古籍珍品暨保护成果展"，展出馆藏明清小说、地方志、彩绘舆图等珍贵古籍。在向市民展示馆藏珍品、古籍保护与修复成果的同时，还普及了古籍知识，提高了市民的古籍保护意识。所有展览都是免费参观，受到了市民的欢迎，赢得了良好的口碑。

"白云美术馆"在举办大量文化讲座和公益展览的基础上，还探索出了把展览、讲座等活动融为一体的文化传播新形式。如在举办"弘一大师的生平与思想"讲座时，举办了"无上清凉——弘一大师墨迹展"，并向读者推荐弘一大师的相关馆藏文献；在举办"洁白的丰碑——纪念傅雷先生诞辰 100 周年"展览期间，还举办了"傅雷先生生平与学术思想"讲座、《傅雷家书》签售和读者沙龙活动，实现与观众的多层次互动交流。这种将展览、讲座、阅读推广合而为一的做法，调动了读者主动走进图书馆的积极性，让图书馆的服务功能得到了充分延伸。

6. 出版与研究

白云书院秉承传统书院藏书刻书的传统，陆续将应邀前来的名家的讲稿、作品整理编辑，现已出版了《白云论坛》（1—7卷）、《大连图书馆百年纪念学术论文集》《白云书院纪念文集》《大连图书馆"书院杯"书"春"大赛作品集》（4—6届）、《大连图书馆"书院杯"历届书"春"大赛获奖作品集萃》《大连图书馆"书院杯"书"春"大赛十年纪念集》《四书读本》《大连书法百年回顾展作品集》《大连市书法家协会理事作品集》《大连西郊国家森林公园杯中国书法名家邀请展作品集》《大爱无疆书画作品集》等20余种文献。

三、"白云系列"文化活动的社会效果

十余年来，"白云系列"文化活动确立了图书馆的社会教育地位，扩大了图书馆的社会影响，带动了图书馆工作的全面发展。

白云书院国学义塾作为社会教育平台创办17年来，先后有6000余名少年儿童在此学习了中华传统文化。2010年白云书院国学义塾被评为大连市精神文明建设最佳品牌。

书"春"大赛已成功举办十五届，共有7000余名中外青少年书法爱好者参与其中。在书"春"大赛的第十个年头，大连图书馆出版了《大连图书馆"书院杯"历届书"春"大赛获奖作品集萃》，并以征文的形式，组织曾经参加过书"春"大赛的小选手"再聚首"，分享自己与书"春"大赛的温馨回忆。同时，在白云美术馆举办了"历届书'春'大赛获奖作品集萃展"，回顾历届"小书法家"的风采，

2017 年又举办了书"春"大赛十五年作品展。

十余年来，白云系列文化讲座共举办了近 900 场，累计听讲人数达十万余人次，已经形成了一个固定的听众群。特别是一些知名学者妙趣横生的演讲受到广大听众的热烈欢迎。许多听众为了听讲座，从很远的县区坐火车赶往图书馆，风雨不误，坚持不懈。有的听众甚至举家来现场听讲座，目的是让孩子也受到传统文化的熏陶。由于讲座立意新、层次高，被听众誉为是大连弘扬传统文化的一面鲜明的旗帜。白云系列文化讲座也是目前国内坚持时间最长、影响最为深远的公益讲座之一，曾得到文化部领导的高度评价，并得到辽宁省对外宣传刊物《今日辽宁》的专题报道。

白云吟唱团自成立之日起，深入学校、机关、军营，先后为社会各界演出百余场，并应日本栃木县那须地区日中友好促进会的邀请，赴日本参加当地的文化节演出，所到之处受到观众的热烈欢迎。

白云美术馆成立至今，共举办各种级别展览百余次，其中既有大型的"国展"，也有外省和本地艺术家的个人展，累计接待观众80 万人次。

经过十余年来的努力，大连图书馆的社会教育活动得到了广大市民的认可，在社会上产生了良好的反响。在 2003 年至 2005 年大连市委宣传部、文联、《大连晚报》联合举办的市民评选"全市十大最有影响的文化活动"中，大连图书馆的白云书院讲座、书"春"大赛、白云吟唱团演出等活动，连续三年榜上有名。图书馆的社会教育地位逐渐确立。

大连图书馆"白云系列"文化活动因其良好的教育效果引起了社会的极大关注，省市的多家媒体对活动进行过专题报道，把大连图书馆比作是城市的一张亮丽的名片。辽宁省电视台的"辽宁卫视频道"还将活动的部分内容做成专题片，向海内外播放；中央电视台十套"子午书简"栏目组，为"书香中国"晚会及相关专题片来大连录制白云吟唱团演出曲目《送元二使安西》，并播出。特别是白云书院装修以后，其古色古香的教育环境，作为大连文化的一道靓丽风景，吸引了国内外络绎不绝的参观者。

在文化部的六次评估中，大连图书馆的特色社会教育活动均赢得了专家的高度评价。2014 年，白云书院被国家古籍保护中心确立为首批国家中华优秀传统文化实践基地（全国仅两家）。

四、"白云系列"文化品牌活动的几点思考

"白云系列"文化品牌活动一路走过来，现已成为大连图书馆的一张文化品牌，这其中有成功的喜悦，也有探索的痛苦，更有坚守的从容。在多年的社会教育工作中，大连图书馆认为突出特色、注重规模、社会协作、持续发展，是"白云系列"文化活动坚持下来的原因。

第一，发挥优势，突出特色。图书馆不是唯一的社会教育机构，所从事的教育活动也不具有强制性。所以要想扩大影响，吸引读者参加，必须要做出特色。大连图书馆充分发挥馆藏古籍多，有一批专门从事传统文化研究和教学人才的优势，以书院为切入点，确立了以传统文化作为社会教育特色。

第二，注重规模，打造品牌。大连图书馆的社会教育工作紧紧围绕传统文化这条主线，在不同的领域以不同的形式开展活动，使活动形成系列，相互承接和呼应，增强了教育的连贯性和整体性，壮大了社会教育的声势与规模，扩大了教育的影响。

第三，加强宣传，寻求协作。大连图书馆的社会教育活动，从开始就把宣传放在首位。在合作媒体《大连晚报》上，发表记者对讲座专家、学者的人物专访，在大连各主要媒体和网站发布讲座信

息，每场讲座之后在图书馆的网站上发表讲座反馈信息，目的在于扩大活动的知名度和影响力。另外，大连图书馆坚持社会教育社会办的原则，以多种形式寻求社会各方面的支持和赞助。白云书院明清风格的装修就是靠社会捐助来完成的。这种来自社会的支持不仅是指财力，还有人力。如志愿者队伍，白云书院的教育活动，有许多都是由志愿者完成的，其中有两位志愿老师已经坚持了十年。

第四，长远规划，持续发展。社会教育是个系统工程，具有整体性和连贯性，在实施的过程中尽量做到立意高、规划远，不急功近利，追求持续发展。"十年树木，百年树人"，教育是百年大计，从娃娃抓起，从根本抓起，大连图书馆有决心坚持做下去，以此培养一代新人，传承中华民族传统文化的根脉薪火。

中华文化延续着国家和民族的精神血脉，既需要薪火相传、代代守护，也需要与时俱进、推陈出新。"圣人久于其道，而天下化成"，大连图书馆通过"白云系列"文化活动不断加强对中华优秀传统文化的挖掘和阐发，使中华民族最基本的文化基因同当代中国文化相适应、同现代社会相协调，努力将跨越时空、超越国界、富有永恒魅力、具有当代价值的文化精神弘扬起来，激活其内在的强大生命力，为市民的精神世界提供正确的指引。

推动全民阅读：
宁波市图书馆"天一"系列文化品牌

宁波市图书馆

　　宁波是一座富有丰厚文化内涵与底蕴的历史文化名城，同时又是一座充满生机与活力的现代新兴城市。一直以来，宁波以其"书藏古今，港通天下"的胸怀博古纳今。近年来，宁波市图书馆作为城市全民阅读的引领者和实施者，以满足人民群众文化需求和城市文化品位提升为出发点，在向广大读者提供基本借阅服务的基础上，多点着力，多元创新，多方拓展，针对不同年龄层次、知识结构的读者举办了各类阅读推广活动，重点打造了天一讲堂、天一展览、天一约读、天一音乐、《天一文荟》《天一文简》、天一约书、天一国

天一讲堂

乐团、天一童读等9大"天一"系列品牌，奏响了图书馆服务社会、开展全民阅读推广的交响曲，在社会上产生了良好的效益。

品——"天一讲堂"

"天一讲堂"是宁波市图书馆打造的第一个"天一"系列品牌，自2006年创建以来，确立了"搭交流平台，激智慧火花，播人文精神，扬宁波文化"的宗旨。传统经典文化和先进优秀文化的传播传承是"天一讲堂"工作的出发点和归宿点。2006年以来，"天一讲堂"坚持周周有讲座、月月有名家，秉承讲座的学术性、时事性、趣味性，目前已举办各类讲座600多场，易中天、纪连海、傅佩荣、钱文忠、曹景行、周国平、毕淑敏、王立群、六小龄童、雪小禅等国内各领域的专家、学者相继来到"天一讲堂"讲座交流，进一步提升了宁波城市的文化品位和文化氛围。2016年在原有外地名家和本

天一讲堂嘉宾与观众互动

地名家系列的基础上，"天一讲堂"进一步向主题化、专题化、系列化发展，全新推出了"天一讲堂公开课""天一讲堂精彩30分"及"天一讲堂读行天下"三大系列，成功举办"十年磨剑　永续书香——'天一讲堂'创建十周年"系列活动，推出了包括"经典回顾篇、创新发展篇、名家荟萃篇"在内的10余项活动。近年来，"天一讲堂"在向现场观众进行文化传播的同时，还结合各类媒介渠道，致力于全面推广，开设了"天一讲堂"视频点播栏目；在电台定期邀请讲座嘉宾开展直播对话；在《宁波晚报》的"悦读"周刊定期刊登讲堂的精彩内容；通过图书馆微博、微信发布讲座预告，收集听众意见反馈信息，同时搭建平台，向各区县市图书馆推送优秀讲座专家，开展巡讲活动，进一步提升"天一讲堂"的文化内涵和社会影响力。

经过10多年的成功运作，"天一讲堂"已成为市民交流思想，碰撞火花，与名家近距离互动交流的平台和获取知识的"加油站"，更是宁波公共文化服务中一个特色品牌和亮点，受到了社会各界的广泛关注和好评。近年来"天一讲堂"先后荣获"宁波市委市政府首届"宣传思想文化工作理论武装创新奖""浙江省优秀讲座品牌""宁波市工人先锋号""宁波市全民阅读优秀项目""浙江省全民阅读活动优秀项目""宁波市社会科学普及基地""浙江省社会科学普及基地""全国优秀人文社科普及基地"等荣誉称号。

看——"天一展览"

"天一展览"是宁波市图书馆2008年推出的一项公益性文化项目，每月结合社会形势和热点，定期推出不同主题的展览活动，目前已成功举办了164期。"天一展览"主要以基层群众为主要受众，充分挖掘本地资源，凸显地方特色，为全民阅读活动的纵深发展增添一抹亮丽的色彩。特别是近年来开展的"书香致远——宁波名人读书故事图片展""翰墨抒怀——甬城书法名家精品展""蕙心纨质——罗枫历代才女百图剪纸展""甬城记忆——宁波老照片展"等展示宁波地方风俗和精神风貌的展览，吸引了大批观众，也让观者备感亲切。2017年还推出了实体展体验活动，举办了东钱湖国际雕塑设计大展及雕塑小样展，以城市雕塑的形式见证东钱湖历史变迁和人文风貌，让观众有了全新的展览体验和感观。

除馆内展览之外，宁波市图书馆还进一步延伸服务，推出了馆外流动展览，使"天一展览"更接地气、更有人气、更有活力，如把"铭记历史　开创未来——喜迎党的十九大图文展""90年回眸——宁波市图书馆90周年馆史展"等展览资源送到各中小学校园、机关、部队等，实现了馆内外的文化互动和资源共享。同时，宁波市图书馆牵头组建了宁波市公共图书馆展览联盟，搭建公共图书馆间展览资源的共建共享共用平台，举行了"2017年宁波市公共图书馆展览联盟巡展活动"，将"摄影师眼中的宁波——摄影作品展""同筑中国梦　共度书香年——楹联文化展"等分别在慈溪市图书馆、鄞州区少年儿童图书馆、北仑区图书馆、江北区图书馆等公共图书馆巡回展出，在合理利用展览资源的同时，也进一步提升了全市公共图书馆的展览水平和服务效能。

听——"天一音乐"

2015年，宁波市图书馆全新推出了一个为大众提供鉴赏音乐、解读音乐以及研究音乐的平台的特色品牌——"天一音乐"。3年来，"天一音乐"不断创新形式，推陈出新，目前有Mini音乐会、四季音乐会、"秋帆乐话，如是我闻"贺秋帆音乐文化沙龙、"和乐之道"东方音乐美学赏析、"针尖下的音乐"黑胶唱片赏析音乐沙龙、"走进交响的世界""法伊娜学唱团"以及主题音乐电影赏析八大特色品牌活动。宁波市图书馆"天一音乐"在品牌打造中，不但让市民单纯地听，还让听众综合地学，通过专家讲解乐理技巧、解读音乐文化等方式将阅读巧妙地融合于音乐之中，在潜移默化中向广大市民普及音乐知识，提升城市文化品位。在"天一音乐"建设过程中，宁波市图书馆积极引入社会力量的参与、支持与合作，无论是音乐名家、音乐爱好者及研究人士，还是非营利性组织、群众团体、企事业单位及志愿者等，都成为"天一音乐"品牌建设中的重要力量。"天一音乐"还不断创新演出内容，打破区域局限，目前已有中国、英国、美国、法国、瑞典、巴西、马来西亚等国家的 50 余位音乐人登台亮相，体现了国际视野和文化品质。

3 年来"天一音乐"共举办各类活动 520 余场，接待市民达 3.5 万余人次，媒体报道百余篇，的报告产生了良好的社会效益。在 2016 中国图书馆年会活动中，宁波市图书馆特邀在"品读音乐之美——音乐图书馆的探索与实践"中全面展示了"天一音乐"的创办背景、运作理念、社会力量、社会成效及未来发展，并得到了与会专家与图书馆界同仁的认可。

享——"天一约读"

"天一约读"是宁波市图书馆为促进读者间的阅读分享而搭建的阅读交流平台，在这个平台里，将城市的读书人聚集在一起，阐述各自的阅读心得，分享彼此的阅读体验。"天一约读"以读书沙龙的形式将市民的阅读分享与阅读体验进一步结合，扩展了阅读的内涵和外延，提高了市民的人文素养和生活品位。"天一约读"根据读者对象不同分设了不同系列：2016 年开设的"阿拉宁波人"系列沙龙，

天一约读系列活动

为广大新老宁波人打造了具有地方风情的特色沙龙；"大山雀自然学堂"带领读者从博物学的角度，用孩子般的心性来观察、认识大自然，目前成功推出"'飞'在诗经里的宁波鸟类""秋天的博物旅行"等17期活动。2017年全新推出了"夕阳红读书会"系列，目前已举办了"夏日文学季""漫谈书画"等16期活动，在社会上产生了良好反响。同时，宁波市图书馆还定期开展畅销书作家来图书馆和读者进行面对面的交流，让更多有兴趣的读者参与其中。

　　"天一约读"虽然开设时间不长，但在社会上产生了较大影响力，得到相关部门的肯定，2017年"天一约读"荣获了浙江省图书馆学会"优秀图书馆服务品牌综合奖"。

参——《天一文荟》

　　《天一文荟》是宁波市图书馆充分发挥信息资源优势，全面收集各大媒体关于城市建设、文化发展和宁波本市发展的新闻报道及评论，创新推出的信息文摘类刊物。从 2012 年创办之初，《天一文荟》就确立了"汇聚天下，荟萃思想"的宗旨，刊物立足于传播信息、弘扬文化、分享智慧，反映城市思想律动与人文精神，为城市决策者和研究者提供内部决策信息参考。刊物设置了四个栏目：城市之间、文化文摘、看宁波和新书架。"城市之间"是瞭望窗，摘录国内外城市建设与管理的新理念、新思路、新做法；"文化文摘"是传播台，汲取关于文化的阐述与探索；"看宁波"是透视镜，通过外地媒体的眼睛远距离回望宁波；"新书架"则为所有爱读书的人推荐好书和好文章。目前《天一文荟》已成功出版 150 多期，每期发行 2000 册。

五年多来，《天一文荟》不断改进、完善和拓展，进一步提高刊物质量，赢得了各个部门、各级领导、专家的一致认同和赞许，刊物影响力、美誉度、传播力不断提升。2013 年，在浙江省首届公共图书馆信息服务产品创作大赛中，《天一文荟》的"看宁波"系列获命题类作品金参考奖，《天一文荟》获非命题类作品优秀奖。

览——《天一文简》

《天一文简》宁波市图书馆编辑出版的以推广地方文史为主的公益性杂志，设置了书话书评、原汁原味、书里书外、甬上旧事、好书推介五个栏目。《天一文简》是一份旨在倡导全民阅读，促进图书馆与读者、出版界沟通的公益性内部交流杂志，每年编发 6 期，每期发行 2000 份。在 2016 年宁波读书周期间正式创刊，当时刊名为《好书》，"读好书，好读书"是刊物秉承的理念。2017 年宁波读书周期间更名为《天一文简》，所谓"简"者，取义有二：一曰"简牍"，即纸张发明以前图书的形式、文化的载体；二曰"简约"，以精炼的文字、精深的读解，为读者推介经典好书，传承书香文明。

《天一文简》追求普及性、知识性和可读性。既关注阅读的现实话题，又追寻阅读的历史脉络；既有原创的书人、书事、书话、书评文章，又有利用图书馆丰富的文献资源和检索工具整合提供的信息。在移动互联网时代，《天一文简》这样一本纯粹的纸质读物，让更多的人感受到阅读的美好和乐趣。

阅——"天一约书"

"天一约书"是宁波市图书馆 2017 年打造的借助"互联网+"与"物联网+"技术的图书借阅新模式，该项目通过线上借阅、线下配送的方式，借助信用平台，绑定信用记录，打破时间、空间和身份的限制，开启了用户信用借书新时代。读者通过智能移动终端的"微信"或者"支付宝"平台，提出借阅请求，借阅的图书将通过物流系统配送到读者指定的地点，真正做到家与图书馆零距离，打通了读者与宁波市图书馆之间的地理界限，保障了读者全天候的借阅体验。"天一约书"图书主要是参考各大热门网上书店的畅销书榜单进行采购，同时，还根据实际情况及时补充和调整借阅书籍，最大限度保证读者的借阅需求。

"天一约书"服务的推出，从根本上打破公共图书馆的传统文献资源利用的服务模式，以读者阅读需求为导向，创新性地开拓了"图书馆+互联网 O2O 平台+物流"的服务模式，实现了公共图书馆文献服务精准化供给，提升了读者个性化、多元化的阅读需求。项目推出以来，受到广大市民的追捧，目前已有 8000 余名读者成为平台新用户，享受信用时代"手指点点、邮书到家"的轻松借阅新模式。

赏——"天一国乐团"

2017 年 9 月，为进一步助推宁波音乐之城建设，宁波市图书馆在相关部门的大力支持下，组建了以国乐与西洋音乐相结合，以继承发展传统国乐，传播宁波海丝文化为宗旨的"天一国乐团"。成立以来，"天一国乐团"致力于挖掘、凝聚、培育有国乐特长的宁波市民，目前已有核心团员 14 位，90% 以上为热爱音乐的"90 后"青年，演奏乐器包括二胡、琵琶、古筝、钢琴等，另有一位为自学成才的残障人士，具备精湛的笛子演奏技巧，也参加了国乐团，"天一国乐团"发出的不仅是传承的声音，更是年轻的声音、梦想的声音。

不同于传统的旧式国乐团，"天一国乐团"尤其注重创作和演奏具有书香内涵的音乐文化作品，利用音乐的载体将书香传播到社会各个角落，在 2017 年"国色添香 宁波之夜"活动中，"天一国乐团"通过国乐演奏、国学诵读让广大市民感受了中华五千年历史的文化渊源和智慧精髓，受到了广泛欢迎和好评。

学——"天一童读"

"天一童读"是宁波市图书馆全力打造的少儿阅读活动品牌，旨在为全市 0—14 周岁婴幼儿及青少年提供阅读指导和阅读推广服务，向全市少年儿童传播文化知识，引领未成年人进行阅读，培养良好阅读习惯、提高阅读能力，让孩子们在阅中学，在学中乐，促进素质的全面提升。

"天一童读"活动依托社会力量开展主题鲜明、覆盖面广、影响力大的青少年阅读推广活动，分为阵地活动、假期特别活动、大型主题活动。阵地活动包括绘本故事讲读分享、"叶子姐姐讲故事"走进图书馆活动、"编程一小时"公益课堂活动、文明小乘客公交安全课堂、"英爱绘"英文绘本阅读课堂、"小小志愿者"、少儿暑期安全知识讲座、"好奇星之窗"知识问答、少儿专题书展等众多活动项目。假期特别活动主要针对寒暑假期小读者阅读高峰，适时推出符合少儿身心特点和阅读习惯，紧扣时事热点的主题活动，包括"走进阅读、体验书香之旅"中小学生社会实践活动、"阅读小达人评选"、国学体验活动、"假期小小志愿者体验"等。大型主题活动方面，目前已举办了十三届宁波市未成年人读书节，连续举办三届全市经典绘本剧创意表演大赛、全市亲子绘本讲读大赛，另外，"渔阅童年"关爱渔民孩子阅读生活公益系列活动等，也在社会上产生了良好的反响。

武图之声：
武汉图书馆读书专栏广播节目建设

武汉图书馆

为面向大众主动推广阅读，武汉图书馆经过多年持续建设，逐步打造"武图悦读"系列读者活动，包括名家论坛、社科讲坛、市民学堂、武图展览、读者沙龙、i品书香、流动书香、"小图"爱阅、武图之声等九项品牌活动，活动形式涵盖了公益讲座、读者培训、展览、荐书、图书漂流、青少年阅读推广、电台合作栏目等多种类型。"武图悦读"系列读者活动注重顶层设计和整体策划宣传，将活动规

"武图之声"特别节目"聆听武汉"——《武汉印象2015》有声版分享会上热情的现场观众

范化、固定化、常态化，年均举办活动400余场，参与读者40余万人，参加图书馆的阅读推广活动成为武汉市民生活的一部分，营造全社会无处不在的阅读氛围。

2015年5月，武汉图书馆与武汉电台音乐广播共同打造了读书专栏节目"武图之声"，该品牌下辖广播节目"悦读武汉""i品书香""名家论坛"广播版及相关阅读推广活动，由武汉图书馆负责内容提供、武汉电台音乐广播负责线上节目编排及播出，播出频率为FM101.8。目前各栏目播出情况良好，所在时段收听率均得到有效提升。

自创办以来，"武图之声"受到了社会各界的广泛关注，《长江日报》《武汉晚报》《楚天都市报》武汉电视台、新华网、光明网等媒体对此栏目进行多次报道，有效提高了品牌栏目的公众认知度。"武图之声"作为武汉图书馆"武图悦读"系列读者活动的主打阅读推广品牌之一，获得"出版界图书馆界全民阅读年会（2016）"阅读案例征集一等奖，获中国图书馆学会第一届公共图书馆创新创意征集推广活动（创新案例）最佳创新奖，受到图书馆业界的广泛关注和好评。

一、运用"图书馆＋"思维与媒体开展跨界合作，在全国首创图书馆广播服务

"武图之声"的创办是武汉图书馆与武汉电台音乐广播共同探索、开辟的一种推广全民阅读活动的新模式，是充分运用"图书馆＋"思维，首创图书馆界与广播界深度合作的文化服务新形式。通过合办相关节目、活动，为读者、听众提供快捷、精准的阅读服务，让立体阅读真正得以实现。栏目推出后受到广大听众与读者好评，有效提升了武汉音乐广播收听率，扩大了武汉图书馆阅读品牌的辐射面，通过采取这样一种全方位、立体化、整合性的报道模式，"武图

之声"栏目将阅读更加深入地渗透到市民的工作生活中，便于市民利用碎片化的时间丰富自身的精神世界，同时降低了阅读能力较弱群体获取知识的门槛，较好实现了文化活动的传播对受众覆盖的最大化，更加生动、深入地传播了社会主义核心价值观，体现了融媒体的温度和力量，有力配合了全民阅读活动的开展和推进，助推武汉国家文化中心城市建设。

二、栏目设计各具特色、立意深远，引领城市阅读推广，服务城市精神文明建设

特色栏目"悦读武汉"最接地气，以讲好武汉故事、传播武汉声音、彰显武汉文化底蕴、大力弘扬武汉精神为宗旨，深入挖掘武汉图书馆文献资源，传播江城独有的人文风情、千古佳话、轶闻趣事，为受众解读城市历史。尤其是目前精心录制、播出的"武汉印象散文卷"有声版，深受听众喜爱。它是一张特别的武汉城市形象"文化名片"，用声音的魅力展现了大武汉的社会风貌，有利于打造武汉城市品牌、塑造良好城市形象。

荐书栏目"i品书香"突出图书馆最本质的环节——读书，依托武汉图书馆馆藏海量文献按主题为市民推荐图书，以5分钟/期的线性小单元方式每天四次在重点时段播出，让听众充分利用碎片化时间轻松获得阅读信息，引发公众的阅读兴趣，同时加强对公众阅读趣味的引导性，成为服务读者的"书山导航"。栏目内容涵盖面广，语言简练。主持人语速轻松明快，配乐明朗，通过阅读与音乐的完美结合，带给听众愉悦的阅读体验。

"名家论坛"广播版则是将每周六下午在武汉图书馆举办的讲座通过广播打造成广大市民的"空中讲堂"。依托武汉图书馆"名家论

坛""社科讲坛"等品牌讲座资源，浓缩精品讲座内容，于每周六、日 10:00—10:30 播出，让更多的市民通过方便、快捷的电波，聆听到名家的声音，感受到知识的魅力和力量，有效提升城市文化软实力，传播社会主义核心价值观。

三、加大资源整合力度，搭建融媒体服务平台，发挥资源效益最大化

除合办以上广播节目外，武汉图书馆还与武汉电台音乐广播联合策划、组织了多项阅读推广活动，如经典诵读推广会、《武汉印象》有声版 CD 发布会及分享会等。"武图之声"在开办中除充分发挥广播"短平快"的传播优势外，还积极探索传统节目传播与微信公众号等新媒体相结合的更加快捷的传播方式，使其各自发挥传播优势，又相互呼应、补充、互动，以获取最大的传播效果。如将"悦读武汉""i 品书香""名家论坛"广播版等节目音频及时上传至武汉图书馆、武汉印象有声版等微信公众号，既方便受众随时、反复收听，也可及时发布预告等信息等，加强与受众的互动、交流。

四、成 效 与 影 响

栏目传播效果良好，收听率节节攀升，广受各界好评。目前，"悦读武汉""i 品书香""名家论坛"广播版三档节目自开播以来，收听率良好，广受市民好评，不仅有效提升了武汉电台音乐广播的知名度和美誉度，也进一步扩大了武汉图书馆阅读品牌的影响力和社会效益。

"悦读武汉"目前播出内容为集合武汉播音名家深情朗诵的《武汉印象2015》音频作品，将武汉的城市之美、城市之变透过名家的魅力之声传送到市民的耳中。节目播出后很受听众欢迎，目前该时段的市场份额为32.67，在本地18家电台中同时段排名第一。

　　"i品书香"栏目分别在每天的7：45、12：30、17：45播出，现已播出300余期，虽然每期只有短短五分钟，但凭借着高质量的栏目内容，渐渐收获了固定的听众。据统计比较，三个时段的收听市场份额在武汉落地的18家电台中，均名列前茅。其中17：45的收听份额达到10.21，位列同时段第二。

　　"名家论坛"广播版涵盖内容全面丰富，迎合听众多方面需求。自播出以来，社会影响力与日俱增，收听率十分喜人，今年前六个月平均市场收听份额8.99，在武汉地区排名第四。节目组经常接到听众来电，听众表示十分喜爱节目内容，希望能够重复收听，并索要节目录音。

　　"武图之声"读书栏目首创将图书馆的荐书、讲座、地方文化研究等资源通过广播媒体的专业编辑制作，以更具娱乐性、更生动的形式呈现在大众面前，一方面提升了媒体节目的文化内涵，另一方面借助媒体的传播优势扩大阅读推广的受众和效果，是武汉图书馆与媒体合作"阅读推广+"的有益尝试。

挖掘城市文化：
哈尔滨市图书馆"一书·一城"建设

哈尔滨市图书馆

作为公共文化服务体系的重要部分，公共图书馆肩负着促进全民阅读的重要职责，2017 年哈尔滨市图书馆按照中国图书馆学会文件要求，结合《中华人民共和国公共文化服务保障法》和《黑龙江省人民代表大会常务委员会关于促进全民阅读的决定》有关精神，全力做好全民阅读活动推广工作，加强统筹规划，注重建立政府倡导、专家指引、社会推动、媒体支持、多方参与的立体式工作机制，用合作、策划、传播等理念做引领，精心推动阅读活动的创新，于2017 年推出了具有哈尔滨城市地方特色的"一书·一城"阅读推广服务品牌。

一、创建服务品牌案例背景

1. 有国家层面的政策保障作支撑

2014 年以来，"全民阅读"连续五年出现在李克强总理的政府工作报告中，从开始"倡导"到"大力推动"，全民阅读正越来越受到重视，社会反响也逐年提升，赋予全民阅读的内涵也进一步丰富。全民阅读是一项国家文化战略，是提升地方文化软实力的重要手段，是提高公民素质的重要途径，是丰富公民精神文化生活的重要方式，是加强现代公共文化服务体系建设的重要措施。哈尔滨市图书馆抓住契机，以地域文化传播为己任，推广哈尔滨文化阅读，推介优秀地域作品，为哈尔滨收集特色地方文献、弘扬哈尔滨城市文化和城市的发展建设做出贡献。

2. 有丰富璀璨的地域文化待挖掘

哈尔滨，天鹅项下的璀璨珍珠，散发着俄罗斯情调东方小巴黎；哈尔滨，东北抗联浴血奋战的红色基地；哈尔滨，共和国的长子，中国共产党夺取政权、管理城市的试水区；哈尔滨，一座冰雪文化繁荣昌盛的璀璨之城；哈尔滨，一座世界级音乐艺术浪漫之都；哈尔滨，松花江两岸仿佛是展开的书卷，让人忍不住留恋她，阅读她。基于此，哈尔滨市图书馆推出"一书·一城"阅读推广服务品牌，目的是将很多一直生活在哈尔滨的老市民带回到当年的生活记忆，也让年轻读者了解许多鲜为人知的城市故事和历史细节，并通过阅读推广让更多的作者和他们的书籍被读者了解喜欢。只有被人民所喜爱的精品书籍越来越多，全民阅读的氛围才会越来越浓，建设书香社会的目标才能尽早实现。

二、服务品牌活动方案及过程

1. 基本思路

基本思路是把一本书作为阅读推广的起点，精选出作者和图书，采集嘉宾的口述历史和"真人图书"中的精彩部分，并把一座城作为阅读推广的终点，通过阅读使读者了解城市的人和事、城市的历史和文化，把城市的影响力植入读者的文化自信中，并建立可回溯的活动相关文献的阅读平台，吸引更多读者了解、阅读，最终创建作者和读者都愿意参与的文化阅读活动。

从阅读本土作者、本土作品的视角出发，活动包含俯瞰哈尔滨、建筑设计、艺术生活、人文历史、城市历史、红色党史、异域文化、地域风情、音乐艺术、美食生活等与哈尔滨市息息相关的各种主题。

2. 服务定位

在对全国公共图书馆的阅读推广项目广泛调研、缜密研究和推敲融合基础上，"一书·一城"阅读推广品牌服务的内容定位是读本土作者写本土内容的书，挖掘本土的作家和作品。由本土作者的作品延伸出对"真人图书"和口述历史的收集整理和收藏，构建出独家、系统的阅读内容，并由作者本人讲述其作品的由来，亲自表达作品主旨，为读者提供精准的解读，满足读者的探索欲望。一本书、一座城、一些人、一段往事……每一本书主题背后纵横交错的知识体系和文化体系就一一被解读出来。

3. 预期目标

"一书·一城"是以信念孕育理想，以文化滋养生命。力争做到让更多的读者爱上阅读，为书香社会的建设提供"原动力"，为全民文化素养的提升输送"营养液"，挖掘更多地域文化，激发哈尔滨地方本土名家参与的强烈欲望，淬炼文化自信的精神力量，让哈尔滨更有知名度和影响力。

4. 总体安排

（1）每月一期，通过在"一书·一城"读者微信群上以线上文字、语音、视图等形式进行泛读指导，进行活动预热。

（2）活动前做嘉宾采访并摄录，将他们的口述内容作为"真人图书"和口述历史剪辑、播放、收藏。

（3）嘉宾的活动手稿、签字题名的作品、热心读者提供的相关图片文献和多渠道找到零次文献资料都将被播放、展览、收藏。

（4）作者及相关嘉宾的现场活动以讲座、评论、推介、表演、观众提问等多种方式对作品进行解读，进行现场首播和网络直播；哈尔滨本土作家现场讲解，穿插有朗读者、推荐者、评论员等多种角色参与，以及影视频、图片的播放，为名家名作锦上添花。

（5）首播后把加工整理出来的图文和视频等数字文献在哈尔滨市图书馆网站、微信公众平台推广，还通过二维码推广到地铁站、机场、区县图书馆、社区图书馆、文化志愿者站等处。

5. 两个关键环节

（1）征集品牌名称

2017年3月征集名称，一周征集到百余个，以下作品参加最终

"一书·一城"现场读者互动

评选：一书·一城、亦书亦城、一书倾城、读书览城、读书阅城、读书品城、谈书论城、博书览城、寻书觅城、滨城之约、阅城之约、如约而至、书宴雪城、书宴滨城、书说城事、读懂一座城、书海明珠、当书遇见城、阅城、读城、城记、城市记忆。最后，"一书·一城"以清新简约，准确凝练的特点脱颖而出。

（2）征集品牌标识（logo）

为了让此服务品牌更易于被广大读者识别和记忆，哈尔滨图书馆于2018年3月开始征集"一书·一城"的品牌标识，共征集来自上海、广东、河北、西安、哈尔滨等地的十个标识。最后佳木斯品牌策划师刘耕的"翻开的书页＋洋葱头顶建筑＋天鹅造型"的logo设计被"一书·一城"通过采纳并使用。由此"一书·一城"服务品牌成为更加独具特色且被社会广泛认知的活动。

三、服务实施效果

自2017年4月23日世界读书日以来，哈尔滨市图书馆已经成功举办了九期"一书·一城"活动，成绩斐然，收到良好社会效果，得到社会各界的广泛认可。获得黑龙江省全民阅读项目立项，荣获第一届公共图书馆创新创意征集推广活动最佳创新奖，得到2018年市宣传文化发展专项资金支持，拨付13万元用于"一书·一城"阅读推广品牌项目活动。活动收到来自参与活动的嘉宾面、读者和新闻媒体等方面良好的反馈，获得非常好的口碑，初步形成了品牌效应。

活动主题是"阅读一本书，恋上一座城"，根据每次活动的独立性，分别以书名和内容特点为依据，给每场活动都冠以系列的名称：恋上你的名字、恋上你的五瓣丁香、恋上你的歌、恋上你的道外传奇、恋上你的高山莽莽、恋上你的往日忧伤、恋上你的冰魂、恋上你的唯美空间、恋上你的赤子之心。统一的冠名有利于形成品牌活动的影响力，助力良好口碑的传播。具体作用可归纳为以下几点：

1. 营造浓厚的阅读氛围

此活动贴近市民需求，确定了以阅读推广为主的定位，将很多一直生活在哈尔滨的老市民带回到当年的生活记忆，也让更多的人了解许多鲜为人知的城市故事和历史细节。让观众从多角度、多视角和多种形式阅读图书，从书中去探寻哈尔滨这座古老而簇新的城市，深入了解这座城市的历史和文化，从而更加热爱阅读，热爱城市，实现图书馆肩负的推动"加快建设社会主义文化强国和文化自信"的使命。

2. 打造城市文化名片

通过"一书·一城"活动的开展，讲解哈尔滨人的作品和哈尔滨的城市历史，用文化激励读者热爱阅读、热爱城市，打造一种精神力量，强化文化认同，净化社会风气，打造市独有的文化名片。

3. 挖掘收集地方特色文化

地方文献工作是公共图书馆重要的工作内容，可以服务于地区政治、经济、文化等领域，展现图书馆业务工作的多元性和传承人类文明、坚定公民文化自信的职能。此次活动通过推介优秀地域文学作品，有助于收集有特色的哈尔滨地方文献，弘扬哈尔滨城市文化和宣传城市的发展建设，激发地方作家创作热情，促进更多地方文化作品的涌现。

4. 履行图书馆社会功能

市民通过活动现场、媒体、数据库等了解"一书·一城"的作者、作品，激发他们的阅读热情。因阅读推广活动的开展，更多的市民了解、熟悉图书馆，并受益于图书馆的各项服务，图书馆成为市民活动的重要文化空间，成为最有温度、最明亮的城市书房。

5. 发挥自身优势，做到资源分享

把每期邀请到的本土作家及其著作和相关的文献资料纳入哈尔滨市图书馆"哈尔滨本土作家库"和"地方文献馆藏库"。同时通过与中国知网（CNKI）建立"一书·一城"项目技术战略合作，把现场直播影像和扩展阅读内容等资料，运用数字技术等新形式重新组织成宝贵的地方文献资料，并依托从事20年知识服务的中国知网，整合有关"一书·一城"内容的期刊、论文、报纸、百科、年鉴以及图片、音视频等资源，构建有关知识体系阅读平台，供中国知网用户检索使用。

四、服务案例分析及存在问题

1. 得益于团队共同的努力

一个好的服务品牌离不开领导的重视和团队的共同努力，一个好的团队要有强大的凝聚力量。目前"一书·一城"举办了九期活动，涉及面广泛，社会影响显著。参与分享的嘉宾52人、相关文献提供者4人。其中主嘉宾、主持人、推介者、评论员各9人，朗读者、讲述者、表演者共16人。活动解读的9册图书中，地名考证一册、歌词集一册、人物传记二册、市井小说（道里、道外）二册、俄侨小说一册、画册一册、公司年谱一册。参与联办单位30个、受邀媒

体单位 8 个、受邀参与单位 69 个、支持单位 11 个、志愿服务单位 3 个，共计 121 个单位。线上泛读活动覆盖人次 5000 多人、现场参与精准阅读活动人数近 1500 人。

2. 来源于好的创意和宣传

具体服务实施过程中，哈尔滨市图书馆注重品牌视觉广告，每期使用活动统一设计的电子大屏广告、展板、嘉宾形象展示版、节目单、统一标识的礼物等，加强品牌形象的传播力和感染力。活动配有"美篇"进行前期宣传和后期总结报道，"美篇"访问量共计 1.2 万余次，全国 30 个省市都有读者点击阅读。各地电台、电视台、报纸等媒体先后报道近 30 次，其中《生活报》与此项活动签约共发表专项预告和报道 13 次。今日头条、手机搜狐、新华网黑龙江频道、腾讯天天快报资讯、新浪微博、网易新闻、人民网·图说中国等网络媒体、读者自媒体相继进行关注和报道以及转发。仅读者紫怡关于一次活动的相关微博文章的点击量就高达 6.5 万次。

3. 受助于各方共同的合力

参与的群众包括社会知名人士、公务员、教师、学生、军人等，围绕活动组成了"一书·一城"7 个社会群体的微信群，包括文化理事会群、媒体报道群、哈西街道办群、图书馆馆际共建群等，群成员共计 600 多人。黑龙江大学文学院青年协会的大学生志愿者专门成立了 10 人的"一书·一城"泛读服务群。并且，哈尔滨市图书馆已经同市教委装备处管辖的 22 所中小学图书馆签署共建共读协议，与 6 家单位签订合作意向书，形成了阅读推广活动的合力。

当然，此项活动也存在一些困难与不足。比如图书馆场地有限、馆舍较旧、人员紧张、资金不足等，嘉宾甄选的图书内容

围绕"一书·一城"活动的展览

缺乏系统性，现场活动的音响效果、录像、拍照等技术力量有待加强。

五、经验分享

"一书·一城"服务品牌的成功，一是源于运作思维上的创新和完善，宏观上的定位准确；二是团队踏实肯干，打造了具有一定现实意义和推广价值的活动品牌。

1. 把握精准思维导向

（1）平台思维导向。"一书·一城"借助现有社会平台做资源整合对接，以图书馆为纽带，建立多方互利共赢的阅读推广生态圈。

（2）营销思维导向。"一书·一城"把营销图书馆、营销嘉宾、营销读者作为终极目标，按照社会化、市场化方式运作阅读推广活动。主嘉宾、推荐者、评论员、主持人、表演者、协助者、参与单位、支持单位都通过各种渠道广泛宣传活动，他们都成为阅读推广的主体。

（3）品牌思维导向。"一书·一城"把活动内容、形式及传播方法都做成高识别度、高认知度的设计。广告版、节目单、背景屏、会场布置、宣传册、礼品袋等都统一标识。

2.具有现实意义和推广价值

此服务活动能够满足读者愈来愈高的文化需求，具有深远的现实意义和推广价值。

（1）激发多方参与全民阅读的热情。哈尔滨市是一座具有悠久历史的大都市，本土作者、本土作品非常丰富，相关部门、社会组织、企业、个人等都是此项目可利用的资源，每期活动通过个人推介、出版机构寻访、相关组织配合等方式，找到所需内容，形成多领域共同参与全民阅读的态势。

（2）打造专业的阅读推广队伍。"一书·一城"通过策划选题、征集名称、多渠道宣传、邀请本土作家、组织相关人员和精准定位读者等，形成一支更加专业的人才队伍，夯实图书馆业务工作，更好地发挥图书馆的社会功能。

（3）社会的广泛认同、合作共建初见端倪。2018年4·23世界读书日，哈尔滨市图书馆与黑龙江省哈尔滨历史文化研究会、哈尔滨市作家协会、哈尔滨音乐厅和哈尔滨交响乐团、黑龙江省美术馆、中国青少年国防体育发展联盟黑龙江工作委员会等签署了共建合作协议，把图书馆的活动转化成社会各界广泛参与的活动，将分别与专业团队共同打造哈尔滨历史文化、音乐艺术、科技体育等专项的"一书·一城"活动，使"阅读一本书，恋上一座城"的阅读推广文化氛围迅速形成，推动全民阅读快速发展。

六、未来发展的目标

一是哈尔滨市图书馆在与7家单位签约共建"一书·一城"活动的基础上，争取每年发展2家合作单位；二是持续在哈尔滨市图书馆网站积累本土作家、本土作品库和相关文献库；三是出版"一书·一城"专题文献汇编；四是出版"一书·一城"专题影像文献；五是制作"一书·一城"专题影视片；六是开发"一书·一城"文创产品；七是成为强化哈尔滨文化自信的阅读推广精品项目。

时间从来不会有季节省略，图书馆也从来不会有历史的留白。"一书·一城"肩负的是与城市同呼吸共命运的使命，希望借助"一书·一城"活动的脉搏奏出图书馆事业最强的音符。"一花独放不是春，百花齐放春满园"，希望借此活动带动图书馆整个阅读活动从一粒种子到一叶嫩芽，从一株矮枝到一棵小树，并不断蓬勃发展、壮大，形成全市、全社会共建共读良好的文化氛围。

文化惠民：
济南市图书馆"享阅"系列阅读品牌

济南市图书馆

近年来，济南市图书馆积极彻落实党的十八大和习近平总书记系列重要讲话精神，深入推进公共文化服务体系建设，进一步提升公共图书馆服务效能和服务质量，让广大市民均等享受公共文化服务发展成果，使图书馆真正成为泉城的"文化新高地，市民大书房"，济南市图书馆以创建和保持全国文明单位为抓手，以文化惠民为中心，抢抓机遇，奋发作为，创办推出了"书香泉城"全民阅读节、"享阅"系列创新服务、"夕阳红"老年公益培训课程、济南市"读书人"摄影比赛等十余个颇具影响力、深受广大市民好评的服务品牌。同时，济南市图书馆着力促进文献形式创新，促进服务理念转变，促进先进技术融合，促进服务空间拓展，并依托服务品牌的凝集力和影响力，推出多项文化惠民举措，全面实现了公共图书馆文化服务创新。

目前，"享阅"系列服务品牌活动包括"你看书我买单""享阅·到家""读者沙龙""真人图书""流动图书馆""数字阅读进网咖""济图掌上 App""济图志愿者"等近十个子品牌。"你看书我买单"是通过和新华书店合作帮助读者快速方便地从书店将新书"借"回家。"享阅到家"是借助先进的"互联网＋"理念和技术手段，整合现在成熟的快递服务，让读者人在家中即可坐拥济南市图书馆百万藏书。"读者沙龙"是为爱阅读的读者建立起的读书人"朋友圈"，打造图书馆中读者的私人会客厅。"真人图书"是将一些知名

享阅·少儿阅读推广

作家请到图书馆讲述写作的趣事，和读者一起用声音将文字展现出来。"数字阅读进网咖"是打造数字阅读的第三空间，延展图书馆服务的有形空间。

一、"享阅"系列品牌服务的概况

自 2000 年始，为了建立起济南市图书馆与读者交流沟通的深度平台，形成良性的互动分享读书氛围，组织策划以"享受阅读"为中心相关活动的想法被提上日程，后经济南市图书馆人不断地积极创新和延展服务，"享阅"品牌便应运而生。"享阅"系列的开山之作是"读者沙龙"，自 2004 年起，每周六下午，曾专访过苏童、白先勇、贾平凹等数百位国内外知名作家的山东商报首席记者、资深文化媒体人张晓媛准时与读者分享自己的采访心得及读书感悟。沙龙一经推出，就受到读者的广泛关注和好评。由此开始，"享阅"系列品牌创新服务不断延展开来，以借阅为基础，深度挖掘读者需求，创新服务形式，打通服务闭塞。2010年，"享阅·真人图书"问世，多位游记名家现身济南市图书馆，亲身讲述旅行的故事，新颖的形式赢得读者的热评。2012年，济南市图书馆第一辆"流动图书馆"将"享阅"服务的半径延伸到泉城的每一个角落，空间的限制被"享阅"服务的热忱打破。2013年，"济图志愿者"组织正式成立，将之前十余年的松散运作整合成为登记注册的志愿服务团队，以"享阅"的名义服务社会，传播文化力量。2015年，"你看书我买单"开始运营，目的是让济南市图书馆读者"零等待"看到最新图书，将选书的权利让渡给读者。济南市图书馆成为北方首家开放此类活动的公共图书馆。2016年，"济图掌上App"结合微信、微博组成的新媒体服务矩阵建立起了线下到线上的"享阅"服务全覆盖。2017年，"享阅·到家"正式上线，读者在家中用手机选书，即可坐等快递送书上门，将"互联网＋图书馆"思维演化到实际的服务中，把便捷与舒适最大化的服务提供给读者。2018年，正在筹备建设的24小时"享阅·泉城书房"以及新颖的"乐阅读乐健身"都让广大市民充满了期待。

同时，济南市图书馆新馆的落成开放使"享阅"服务有了更大的发展空间，走向跨越式发展的快车道。2013年10月，乘着第十届中国艺术节的东风，济南市图书馆新馆落成开放。新馆建筑面积4.1万平方米，阅览座席2200个，具备260余万册文献规模，日接待能力10 000余人次，配有大报告厅、小报告厅、文化展厅、音乐多功能厅等多个专业厅室，全馆无线网络覆盖，可为读者提供多样化服务。一流的硬件设施，为给读者提供最优质服务带来坚实的保障。

"享阅·真人图书"特邀澳洲著名少儿绘本作家讲述创作的故事

二、"享阅"系列品牌服务的设立原则

（一）创新性

一是文献形式的创新，"你看书我买单"服务实现图书私人订制，掌上 App 让随身图书馆成为现实。二是服务理念的创新，关爱特殊群体彰显人文关怀，创设咖啡悦读区提升阅读体验，设置悦读亭倾听读者心声。三是技术融合的创新，如引进 RFID 实现全面自助，引进大数据智慧平台发布即时信息，引进图书杀菌机提升服务形象。四是服务空间的创新，以总分馆制实现了全市各级公共图书馆空间连通，自助图书馆和流动图书馆开辟了馆外服务阵地，"数字阅读进网咖"将网咖打造成数字阅读第三空间。

（二）科学性

公共图书馆的主要职能是为群众提供优质、高效的公共文化服务，群众的需求就是图书馆发展的方向。社会的进步和群众日益增长的文化需求使得公共图书馆必须紧跟时代发展步伐，不断更新服务理念，创新和改进服务方式和手段。"享阅"系列创新服务的深入实施，不仅让公众深入参与到图书馆建设与发展，还利用 RFID、大数据、"互联网+"、一卡通等先进理念和技术，使图书馆变得更加智慧、便捷、人性化。

（三）实践性

"享阅"系列创新服务是济南市图书馆从公共图书馆现代先进理念出发，结合自身实际，充分发挥主观能动性，创新推出的一系列文化惠民举措。通过实践，改变了图书馆和读者关系、图书馆服务读者的方式以及读者对图书馆的传统认知。这些新的改变，对于进一步指导公共图书馆建设发展理念具有重要的指导意义。

三、"享阅"系列品牌服务的主要措施

（一）促进文献借阅形式创新

一是推出"你看书我买单"享阅服务，"私人订制"改变文献提供方式。为了解决读者找不到所需图书和图书流通率低的双重难题，满足不同读者个性化需求，济南市图书馆特联合山东书城、泉城路新华书店推出"你看书我买单""享阅"服务活动，将新书的采购权交到读者手中。读者选好书后在书店柜台刷读者证，书店工作人员按流程对所购图书进行处理，系统自动将图书编目信息上传到图书馆书目数据库，读者即可将图书带走，由图书馆买单，读者看完，将图书还回图书馆即可。"图书馆＋书店"的新型借阅模式，大大盘活了流通借阅资源，激发了市民阅读热情，为图书馆、新华书店、读者三方搭建起互通、互惠、共赢的平台，受到广大读者普遍欢迎。

二是开发掌上 App，"随身图书馆"满足即时阅读需求。为让读者实现随时随地阅读的愿望，济南市图书馆整合馆藏和网络信息资源，推出了掌上图书馆，读者在手机上安装 App 后，不仅可随时随地进行馆藏查询、图书续借，还可免费利用海量信息资源：图书频道提供的 310 万种图书、10 亿页全文资料，期刊频道收录的中文期刊文献 6420 万篇、外文期刊文献 10 872 万篇，不间断更新的 365 种杂志、66 种报纸，精心整理的海量视、音频讲座及纪录片等。同时，掌上图书馆集成 RSS 订阅功能，用户在任何时间里都可以有针对性地阅读自己所需的信息，实现个性化阅读。

（二）促进服务理念转变

一是关爱特殊群体，彰显人文关怀。公共文化服务体系建设目标之一就是均等化，为了让所有人享有公共文化服务发展成果，"享阅"系列服务推出多项针对特殊群体的阅读推广举措：对农民工朋友，在市农民工综合服务中心设立了济南市首台"书香泉城"手机图书馆，多次组织志愿者到建筑工地为他们免费发放手机阅读卡，设立图书室，在广场为农民工放映消暑电影，举办农民工电脑培训班等；对老年人，连续 8 年举办"夕阳红"老年人电脑培训班，定期举办老年人智能手机培训活动，丰富老年人晚年生活；对残疾人朋友，专门设置了视障人士阅览室，配备 20 余台高端助视设备，与黄金汽车出租公司联合定期免费接送视障人士到馆阅读，安排专人随时提供辅导和帮助，购置了 700 余台听书机免费向视障读者发放。

二是创设咖啡悦读区，提升阅读体验。为满足读者个性化需求，济南市图书馆在负一层开辟专门空间打造了咖啡悦读区。这是一个开放式空间，配备40余把高靠背的舒适布艺沙发、20余组高档典雅的桌椅，引进了一家小型超市，供应咖啡、茶、饮料等饮品和各种零食。此外，休闲吧放置了多个雅致的漂流书架，时尚杂志、报刊、畅销书定期更换，让阅读与休闲融为一体。在这里，读者可冲上一杯咖啡，泡上一壶香茗，或细声交谈，或静坐沉思，或阅读休闲，惬意非凡。

三是设置悦读亭，倾听读者心声。在第21个世界读书日到来之际，济南市图书馆联合山东城市出版传媒集团在新馆创新推出了"熊猫图书悦读馆"，这是专门给孩子们准备的新颖、神奇的"大书房"，有近千本3D立体图书，每周更新千余种精品童书，有可以看动画片的超大触摸屏，有"没有琴弦"的神奇激光竖琴……最重要的是，这里专门设置了一台悦读亭，亭子里安装了专业影音设备，读者可以在阅读之余，朗诵自己喜欢的段落，表达阅读的快乐与收获，济南市图书馆会通过微信、微博、官网、电台等各种渠道将读者的声音传送出去。

（三）促进先进技术融合

一是引进RFID智能系统，全面自助提升服务效率。图书馆传统的人工办证、借还服务形式不仅烦琐，效率也低，加上济南市图书馆新老馆同时开放，人员严重不足，远远无法满足读者借阅需求。为给读者提供更优质的服务，济南市图书馆引进了RFID智能图书管理系统，该系统集数字化、人性化、智能化于一体，读者到馆办证、图书检索、借还全部实现自助办理，省去排队、人工办理的烦琐。同时，在该系统下，图书分类更细化，架标更精确，大幅度节省了读者借书时间。在书库管理方面，将原先从事繁重借还服务的工作人员解放出来，向藏书整理和解答咨询服务转变，有利于实现人才价值，实现服务转型。

二是引进大数据智慧平台，实时信息展现服务水平。2016年，济南市图书馆紧跟科技发展，在全国率先引进智慧图书馆大数据处理解决方案——大数据分析系统及智慧墙平台，全力提升服务创新水平，为图书馆评估定级助力加分。"图书馆智慧墙"是通过挖掘、分析图书馆用户产生的文献流通、电子资源访问、阅读需求变化等"行为内容"，整合图书馆服务应用数据，形成可视化推送展示模块，利用数字媒体发布显示系统及分布式区域管理技术，实现与图书馆客流管理系统、业务管理系统、用户行为大数据分析系统、网站信息发布平台、资源访问平台等数据的无缝对接与实时展示，为读者提供实时、开放、智慧的信息服务。

三是购入图书杀菌机，图书清洁塑造服务形象。图书是纸质媒介，公共图书馆的图书流通率高，很容易沾染各种病菌。为打消读者关于所借图书卫生情况的担忧，济南市图书馆斥资近40万元购入8台自助图书杀菌机。该机器拥有逐页翻动书页的功能，利用高压、紫外线等多种方式可在30秒内对图书的书封及内页做到全方位消毒杀菌、去尘、除味，杀菌率高达99%以上。同时，该机器人性化的操作界面、UV材质透视窗设计，可以让读者便捷体验、观察杀菌全过程。这一举措，大大提升了公共图书馆服务的人性化水平，受到读者热烈欢迎。

（四）促进服务空间拓展

一是深入推进总分馆制建设，连通各级公共图书馆空间。以前，各图书馆相互独立，读者借还图书必须在一个馆舍进行。为方便读者阅读生活，济南市图书馆作为中心馆积极推进总分馆建设，多次协调召开全市公共图书馆总分馆制建设工作推进会，制定了建设实施计划、技术方案、通借通还借阅服务规则，对基层人员进行专业培训。经过不懈努力，目前，济南市公共图书馆总分馆制建设运行成熟，各图书馆之间图书实现通借通还，各馆资源和平台实现了对接和共享，自此，全市十几家公共图书馆对读者来说成了一个馆，大力推动了全市公共文化服务的均等化、标准化，提升了图书馆公共服务效能。

二是购置自助图书馆和流动图书车，突破馆舍辐射空间限制。为满足离馆较远市民的图书借阅需求，济南市图书馆斥资近400万元购置了8台24小时自助图书馆，根据现实需求和辐射半径，合理分布在泉城广场、龙奥大厦、天桥政务中心等处，并设专业工作人员定期进行图书更换，24小时提供咨询和现场服务。此外，流动图书馆每周三次到章丘重汽集团、阳光100社区等开展送书进企业、进社区活动，现场提供办证、借还图书、信息咨询等服务。

三是推出"数字阅读进网咖"服务，打造数字阅读第三空间。为提高公共文化服务水平，拓展公共图书馆服务空间，济南市图书馆联合全市17家网咖，在全国率先推出了"数字阅读进网咖"服务，这在全国尚属首创。此举积极探索互联网上网服务行业在推动全民阅读中的优势和作用，将济南市图书馆数字资源进行有机整合，在网咖计算机桌面上设置济南市图书馆数字资源专用页面，将原本只有在图书馆才能免费使用的维普科技期刊、知网资源总库、方正中华数字书苑、龙源电子期刊等馆藏数字资源免费开放，前来网咖休闲娱乐的市民群众可以直观、方便、快捷地使用，共享公共文化服务建设发展成果。

四、"享阅"系列品牌服务创新点

（一）观念和理念创新

济南市图书馆对图书馆服务方式有了新的理解。原来，图书馆都是自行选择图书种类，图书经编目上架后，读者才可借阅。现在，通过"你看书我买单""享阅"服务，将图书选择采购权交到读者手中，让读者真正参与到图书馆发展建设中来，这是对公共图书馆传统服务理念和方式的创新和颠覆。

（二）内容和形式创新

济南市图书馆积极拓展服务对象，针对特殊群体开展阅读推广服务。过去，公共图书馆只是被动开展阵地服务，忽略了特殊群体文化需求。近年来，"享阅"系列大力开展特殊群体服务，结合自身资源优势，为残疾人、农民工、老年人等群体举办了一系列有针对性、有影响力的阅读推广活动，切实保障了绝大多数群体均等享有公共文化服务的权利，真正实现了文化惠民。

（三）方法和手段创新

济南市图书馆改进服务手段，与各区县图书馆合作，实现了一卡通借还服务，还在市区合理设置 8 台自助图书馆，并引入一台流动图书车定期到企业、社区现场服务，改变了传统图书馆仅提供阵地服务的局面。同时，在全国率先推出"数字阅读进网咖"服务，把网咖打造成图书馆馆藏数字资源第三空间。

（四）机制和体制创新

为顺利推进"享阅"系列创新服务，提升济南市图书馆服务效

57

能，建立起决策、执行、监督相制衡、激励和约束相结合的管理运行机制，济南市图书馆结合自身实际，积极推进法人治理结构建设，于 2015 年 3 月成立了理事会，邀请政府、人大、出版、教育、传媒、高校等社会各界专家人士以及读者代表加入理事会，共同为图书馆发展事业出谋划策。理事会的成立，使图书馆治理结构和运行机制更加合理，有效整合社会各界资源，扩大公众参与，从体制机制的维度推动"享阅"系列创新服务充满活力。

五、"享阅"系列品牌服务的社会效益

济南市图书馆通过创新推出"四个促进"工程，进一步推进了济南市公共文化服务质量和均等化水平，大大提升了公共图书馆服务效能和社会美誉度，使市民更全面、深入地了解图书馆，享受图书馆更贴心、高效、便利的服务，使图书馆真正成为济南的"文化新高地，市民大书房"。"四个促进"工程理念先进，无门槛限制，具有较强的示范性和可操作性，

"享阅"系列品牌服务创立至今已服务读者 800 余万人次，办理借阅证 30 余万张，发放"书香泉城"数字阅读卡近 50 000 张，共吸引 500 余批来自国内外各领域的单位和个人来到济南市图书馆学习交流，有力推动了书香泉城、书香社会建设，让济南这座城市变得更加有温度，大大提升了广大市民的幸福感和归属感。此外，"享阅"系列创新服务的不断丰富和完善，既助力了济南市公共图书馆事业的飞速发展，也给泉城济南增添了一张新的文化名片。

（冯志辉）

阅读推广
与活动

"阅美四季"：
金陵图书馆创新阅读活动

金陵图书馆

文化是旅游的灵魂，旅游是文化的载体。读万卷书行万里路，就是文化和旅游相生相伴、相互交融的真实写照。两者结合共同圆了人们"诗和远方"的梦。

阅读的方式和阅读的空间有很多，因为图书馆书籍众多、空间宽阔，图书馆成为阅读的首选地之一。但如果仅靠这些，还远远不够。图书馆要吸引各类型读者并使其爱上图书馆、善用图书馆，就需要不断创意创新，并逐步形成自身的特色和品牌。

近年来，金陵图书馆（南京市市级公共图书馆）在这方面做了有益的探索和实践，将原本碎片化的阅读推广活动汇集到统一平台上，通过立体化、系列化、品牌化运作，经过数年整合，形成了以主题内容和时间轴为序的四大版块。这就是金陵图书馆阅读推广活动的"阅美四季"系列，即冬季"阅美·迎新"、春季"阅美·书馨"、夏季"阅美·欢欣"、秋季"阅美·悦心"。特色分明的活动主题、精准定位的服务对象、按时而作的运作规律，不仅体现了中华传统文化中春耕秋收、春华秋实的文化精髓，也彰显了当下图书馆转型发展的创意和创新。

冬季篇：“阅美·迎新”营造书香年味

岁末年初，金陵图书馆以迎新年等为主题开展“阅美·迎新”阅读推广跨年活动季，围绕元旦、春节两大节庆开展各类迎春祝福活动，让广大市民读者在阖家团圆的氛围中感受传统文化，迎接新年的到来。系列活动不仅包括了已经成功举办十余届的“金陵雅韵”新春古琴音乐会等文艺活动，更有写春联、送春联等文化体验类活动。除此之外，每年举办的数字图书馆推广工程春节活动也很抢眼，读者通过手机等线上平台可以直接参与有声贺卡制作、年俗趣味答题、摄影展览等多项特色新年活动。

这些主题鲜明、形式新颖的活动兼具传统文化底蕴和参与互动特点，贯穿“阅美·迎新”系列活动始终，让广大读者怀着喜悦的心情在图书馆里度过一个书香四溢的“文化年”。

值得一提的是每年的大年三十和大年初一，金陵图书馆的馆领导们都在图书馆大门口，给最后一批离开的读者送上“福”贴，送上祝福，给新年第一批到馆的读者献上礼物，附上祝语。这样的小小举动，在广大读者中得到了良好的反馈。

图书馆服务品牌建设与创新发展

春季篇："阅美·书馨"播种全民阅读

春季万物复苏，是"播下阅读种子"的最佳时节。每年春天以读书日等为主题推出"阅美·书馨"共享金陵图书馆阅读推广活动季，在读者心中"播下阅读书香的种子"。金陵图书馆以4·23世界读书日和5月图书馆服务宣传周为主要时间节点，开展各类以文献推荐和阅读指导为重点的活动，激发读者的阅读热情，受到了读者欢迎。"阅美·书馨"主题系列活动一般分为"阅读创新""名家讲座""精选展览""美阅生活""数字听读"等多个版块，并冠以"全民阅读 共享金图"的广告语。针对不同年龄不同需求的读者群体，举办讲座、展览、培训、阅读推广等百余场活动。通过参与这些类型多样、立意新颖的文献导读和推荐活动，更多的读者由此走进图书馆，了解图书馆，爱上图书馆。

全年的读者征文、摄影、朗诵等赛事，也由此拉开序幕。金陵图书馆老牌助盲公益品牌"朗读者"每年也都是以4·23开启新的一季，至今已走过六个春秋。而富含创意与创新的项目也不断涌现。下面试举几例：

"阅经典 悦青春"

该项目是金陵图书馆与团市委、市妇联等联合打造的以"弘扬传承传统文化"为主题的系列活动，主要面向广大青少年读者，通过阅读赏析经典名著名篇，以参与性沙龙等方式展示传统文化的魅力。按照金陵图书馆"阅美"系列部署，年初制订年度四季活动计划，全年实施。

65

"赏珍 鉴宝"

近年来，金陵图书馆主动联合文物鉴定机构，共同为广大市民读者带来集公益性、科普性、互动性于一体的"赏珍 鉴宝"系列活动。其中，专家公益鉴宝、讲座，南京传世名著书影展，印尼华侨捐赠海外古籍展等多个活动在古籍爱好者中和收藏界产生了不小的影响，深受市民喜爱，也因此吸引了不少铁杆"古籍粉"参与到金陵图书馆"阅美四季"活动中。

"心怗图"

"心怗图"公益心理咨询广场是金陵图书馆 2016 年春推出的创新服务项目，是由金陵图书馆和南京心理咨询行业协会共同发起的大型公益心理咨询活动。项目结合图书馆丰富的馆藏图书资源和行业协会的专业心理咨询师队伍，旨在通过阅读等方式，帮助市民读者纾解情绪困扰，达到身心平衡、健康。每月 18 日在金陵图书馆都有阅读推广人和国家级心理咨询师为市民读者提供公益服务。全年四季开展讲座、沙龙等相关活动。

夏季篇:"阅美·欢欣"打造七彩童年

夏天的精彩阅读活动是属于孩子们的。金陵图书馆在每年夏季推出"阅美·欢欣"七彩少儿阅读推广活动季。其中"七彩夏日"暑期少儿阅读夏令营是针对少儿读者的专属系列活动平台。该项目2015年起每年夏季推出,源自"赤橙黄绿青蓝紫"七大色系,打造"红蜻蜓国学堂""小桔灯童萌绘""柠檬草电影院""绿巨人口语SHOW""青苹果朗读者""蓝精灵手工坊""紫藤萝大舞台"等每天一个版块,涵盖国学知识、绘本阅读、电影放映、英语互动、故事讲演、手工制作、才艺表演等众多活动内容。每届活动有70余场,参与服务的文化志愿者人数近200名,参与活动的小读者则达到数千人次,受到了孩子和家长的广泛欢迎。

此外,近年来为了丰富"阅美"系列,金陵图书馆还专门成立了"小水滴"英文读书会和"LIB"英文原著阅读沙龙。"小水滴"借助10岁以下的幼儿绘本资源,通过定期举办活动,带动小读者从话题出发学习英语和文化,在听英语、说英语与读英语的过程中爱上英语;而"LIB"的服务对象则更侧重于面向小学高年级至中学生群体,营造青少年读者及其家庭英文原著阅读的良好氛围。这两项创新服务项目以金陵图书馆馆藏"明德"英文原版文献为主要资源,一方面有效提升了特藏文献的利用率,另一方面也满足了部分人群的英文阅读和学习的需求。

秋季篇："阅美·悦心"拉近馆读距离

每年秋季，金陵图书馆以"读者节"为平台开展"阅美·悦心"书香南京阅读推广活动季，是全年读者"阅美"系列阅读推广活动的高潮和总结。

为了充分体现"以读者为本"的服务理念，首届"书香南京"——金陵图书馆读者节于 2015 年秋季正式拉开大幕，并成为南京文化艺术节的一大亮点。现已成功举办了 3 届，每届都有一个主题。读者节历时近一个月，期间精心汇总定制了"特别策划""读者互动""阵地服务""讲座纵横""展览荟萃""数字推广""共建行动"等十大篇章，每届平均举办 70 余场活动。"读者节"的创办使得图书馆的"上帝"——读者，从此有了自己的节日。只要热爱阅读、热爱生活，每位读者都可以平等地分享节日的喜悦，展示自己的才华，共享"互动大阅读"的欢乐。

读者节的创办增强了读者与图书馆之间的情感交流，充分调动和发挥了读者的积极性和参与性，也得到了社会的关注和业界的肯定，在"全民阅读"的大环境下，发出了公共图书馆和广大读者联合起来强有力的"好声音"。

每年春天启动的读者征文、摄影、朗诵等赛事也在读者节期间收获成果。同时，金陵图书馆年度优秀读者和志愿者等评选结果都在此期间公布并颁奖。

"金图书友会"

为了发挥公共图书馆在全民阅读工作中的重要作用，2015 年金陵图书馆成立了"金图书友会"。书友会白手起家，经过几年的发展，注册会员达数百人，在南京市阅读组织中的影响也日益扩大。近年来，书友会重点围绕南京24部传世名著，承担了《桃花扇》《金陵物语》等名著的阅读推广活动，通过"自己阅读名著、微信专家导读、线下实地寻访、集中老师讲析、媒体宣传报道"五位一体的全新领读模式，取得了良好的效果，为金陵图书馆读者节增添了一道亮丽的风景线。

创意"阅美"成效显现

"阅美"四季，四季"阅美"。通过冬、春、夏、秋四个时间节点的阅读推广季，金陵图书馆的阅读推广活动无论是在活动主题、目标人群和时间节点上都有了较为明确的定位，既有差别，又有关联，还互为补充和支撑，进一步凸显了金陵图书馆阅读推广活动目标化、特色化、体系化的特点。对读者来说，参与"阅美四季"就像是一场长达一年的心田耕读体验，从开始播下一颗颗阅读的种子，通过润物无声的书香涵养，使之逐渐生根发芽，开花结果，直至长成栋梁之材。

激发内在动能

贯穿全年的"阅美四季"系列活动除了明显提升了金陵图书馆的社会影响力和公众认知度外，对内而言，其作用更加明显。它改变了原来金陵图书馆举办读者活动仅有一两个部门参与的情况，现在每个部门都要策划并适量组织读者活动，并争取形成具有部门特点的子品牌。2014年金陵图书馆馆办读者活动有165场，到2017年达到661场，其间每年都有大幅度的增长。当然数量只是表象，但没有数量的积累，就很难有质量的提升。更为关键的是这一系列活动使得图书馆的服务意识从被动服务向现在的主动服务转变，激发了图书馆的内在动能，顺应时代发展的趋势。"阅美"系列活动的开展，调动了金图馆员的工作积极性和创造力。馆员跟读者的亲密接触多了，才能更多、更好地了解他们的需求，从而更好地为读者服务，实现图书馆从传统借阅服务场地转变成满足公众日益增长的对美好生活需求的综合服务文化阵地。

催生品牌项目

"阅美四季"是通过项目融合创新而形成的一个活动平台，自身具备了较强的包容性、多样性和创造性，在这个框架体系中，不同类型的活动跨界融合激荡，人力、资金等必备资源被集约共享使用，因此也更容易催生和孵化出更多、更好的品牌活动项目。短短数年来，"阅经典　悦青春""赏珍　鉴宝""心惦图""七彩夏日""阅汇点""读者节"等众多读者服务项目如同雨后春笋般脱颖而出，并努力创树新品牌。而"金图讲坛""金图展览""朗读者""18 法律咨询广场"、《阅微》《金图之窗》等老品牌也长出新枝，又一次萌发勃勃生机。这些新老品牌活动以其扬正气、接地气、聚人气的特点广受读者喜爱，也在业内获得了广泛认可，屡获行业表彰和媒体关注。年年有四季，季季有创意。因为有了"季"以及"届"，就促使图书馆要不断进步。现在，金陵图书馆人又在谋划新的创意项目"金图文创""阅生活""阅享读""阅途课"等，这正是"阅美四季"赋予众多活动子品牌创意性诞生、创新性发展、创造性转化的功效之一。

贴合时代发展

随着现代科技的迅速发展，公众的阅读习惯也正发生着翻天覆地的变化。数字化阅读、碎片化阅读、社交式阅读等新型阅读方式和理念纷至沓来，因此，我们的阅读推广方式也应随之同步调整。在"阅美四季"中，有一个创意数字化项目格外引人注意。这就是金陵图书馆的"阅汇点"。

"阅汇点"是 2016 年金陵图书馆第二届读者节期间推出的创新移动综合阅读平台。其有机整合在线办证、微信公众号、"I 金图"App、图书馆官网、微博等于一体。任何人只要扫一扫"阅汇点"二维码，即可在线免费办理公益"数字资源阅览证"，自由选择喜爱的阅读内容，及时获取图书馆最新活动、服务、书刊等资讯及借阅信息。

"阅汇点"现已与"我的南京""支付宝""交汇点""紫金山"等第三方移动平台合作。尤其是"我的南京"作为南京市官方数字应用平台，其现有的数百万实名注册用户可自动成为金陵图书馆读者，随时随地免费享受"阅汇点"提供的阅读数字资源。而"阅美四季"系列活动的信息和内容也会被推送至用户和读者手边，实现了数字化手段在阅读推广工作上的良性互动，贴合了时代发展。未来，"阅美四季"将继续利用"阅汇点"平台整合优质资源，联合更多社会机构，探索新型服务模式，持续拓展服务渠道，以"互联网+"思维推广"全民阅读+"理念，与社会各界和广大读者共同打造更为广阔的"阅读生态圈"。

73

创新"阅美"全市共享

"一花独放不是春，百花齐放春满园。"习近平总书记在博鳌亚洲论坛年会上的金句也是"阅美四季"所一直努力的目标。金陵图书馆深知协同创新发展才能互利共赢的道理，"阅美四季"项目是金陵图书馆近几年重点打造的，在设计之初，就考虑到要把一些适合的内容与区一级图书馆共享。这不仅是市馆作为龙头馆的地位决定的，更是其责任担当。随着"阅美四季"系列项目不断完善、经验积累，现在时机已基本成熟。

随着党的十九大胜利召开，中国特色社会主义迈进了新时代。

新时代要有新作为，2018 年金陵图书馆提出了"新时代阅读共享，新征程市区同行"的新理念。在 2017 年末市馆中层干部每人对接一个区馆工作的创新模式基础上，初步建立起协作协调工作机制。金陵图书馆确定了以市馆为龙头、以区馆为主干、以全市基层服务点为触角的全市图书馆协同发展的基本路线图和时间表，集中力量打造一批共建共享的阅读项目，整体布局，集中亮相，使全市公共图书馆的年度阅读推广活动项目逐步实现一体化、规律化和品牌化，打造一支全市公共图书馆阅读推广活动的"联合舰队"，让读者可以在全市所有公共图书馆的"阅美四季"里畅游。

现在，南京市 2018 年"阅美"系列阅读推广活动已在绿色的春季播下了"书馨的种子"。"18 法律咨询广场"全市图书馆联动、《遇见图书馆》主题征文大赛、《影像阅美——镜头中的图书馆》主题摄影大赛、《中华经典诵读》大赛、红领巾读书征文等，按照春季世界读书日、图书馆服务宣传周、夏季阅读夏令营、秋季读者节等阅读推广时间节点依次部署，全面推开。相信经过不懈的辛勤耕耘，到了金色的秋季必将收获丰硕的成果，这是图书馆人和广大读者共同奋斗出来的"阅美"幸福成果。而这些成果也将在金秋的十月，金陵图书馆读者节的创新升级版："书香金陵"——首届南京市公共图书馆读者节上绚丽绽放。

全面覆盖：
厦门市图书馆阅读推广活动

厦门市图书馆

阅读推广作为"全民阅读"的重要举措和图书馆服务的核心工作之一，已经被列入 2018 年初颁布实施的《中华人民共和国公共图书馆法》。厦门市图书馆历来重视阅读推广工作，2007 年搬迁至新馆后，更成立专门负责全馆阅读推广的部门，统筹规划、全面启动，分类开展多种形式的阅读推广活动，为全面开展阅读活动发挥示范引领作用。2008 年，厦门市图书馆利用青少年寒暑假、4·23 世界读书日、图书馆服务宣传周等有效时机，针对老年人、未成年人、残障人士、外来务工人员等各类人群，采用讲座、展览、实地走访、异地联动等多样形式，以重点主题活动为核心，逐步策划开展"五大系列"阅读推广活动，迄今已过十个年头。依活动开展时间顺序，"五大系列"活动主要包括青少年"寒假热读"系列活动、4·23 世界读书日主题活动、图书馆服务宣传周活动、青少年"暑假热读"系列活动、"我与书缘"主题读书月活动。活动贯穿全年，涵盖各类阅读推广活动，以图书馆为主要宣传阵地，与社会各界合作，逐年向全市延伸，形成全面覆盖、丰富多元、不断优化提升的品牌项目。

一、总体思路

阅读推广活动全面覆盖。一是全年覆盖。厦门市图书馆全年开

75

放，日均接待读者 1.2 万人次。除了完善的文献资源保障体系，宣传推广阅读和提升阅读质量的配套活动也极其重要。在时间上，"五大系列"活动从开始策划到实施，几乎覆盖了全年。二是群体覆盖。厦门市图书馆以人性化的平等、免费、便捷服务为原则，面向全社会开放。"五大系列"活动覆盖了各个年龄段的读者群体，并在不同时间段针对特定群体策划了相应的系列活动。如"寒暑假热读"系列活动主要面向青少年读者，其余系列活动面向全社会的读者。

多元合作化阅读推广活动。一是馆内各部门间的合作。厦门市图书馆各个部门全年开展各类活动，如 2017 年全年开展阅读推广活动 1305 场，参与读者超过 54 万人次。活动数量庞大，且由不同部门各自组织，缺乏统一性。要改变这种情况只有整合各类活动，形成综合性强的一体化系列活动，才能让读者得到更好的活动体验，同时也会更好地提高重点活动的宣传效果。二是与社会各界的合作。厦门市图书馆的阅读推广活动逾 50% 属社会合作，除有效缓解活动中人力、资金、资源的不足外，多元化的社会合作更是拓展了图书馆阅读推广的界限，延展了活动的领域与受众范围。如走进商圈的"咏春——青少年诗词会""阅读·仲夏梦"活动，与民间读书会合作的"全城共读"活动等，成功将社会各界、志愿者、民间公益团体等资源融合，在"五大系列"中形成图书馆阅读推广合力。

多维提升品牌化阅读推广活动。在信息网络化技术快速发展，人工智能技术迅速崛起的时代，阅读推广活动的维度也需不断增加，新技术应用、新媒体宣传、创新性思维共同推动活动品牌化的提升。这一思路一直贯彻于"五大系列"活动中，在全国首创的手绘阅读地图、异地同城探索文化活动、名人助推阅读推广，以及新技术、新媒体的应用，不断扩大与提升"五大系列"活动的品牌化效应。

2012 年 4 · 23 世界读书日活动之游走城市 · 同城阅读

2013 年 "我与书缘" 读书月活动之电影与阅读

2016 年青少年暑假热读活动之 "文明阅读剧场"

在 2017 年 4·23 世界读书日活动中，厦门市图书馆广泛利用新媒体、全媒体扩大宣传，应用新技术创建"翻书"小游戏提高影响力，文创产品、统一宣传、同城开展等多维一体化的方式极大地提升了活动的品牌化效应。

二、活动特色

（一）利用馆藏特色，弘扬地方文化

闽南地方文献是厦门市图书馆的收藏特色，积极探索有效地将地方特色与读者活动有机结合的方式可以促进读者更好地了解与利用地方文献。"五大系列"活动中，每年的图书馆服务宣传周厦门市图书馆以地方文献为主题举办不同类型的宣传推广活动。

鼓励读者参与文献资源建设。通过开展特色文献分享与交换活动、向文献捐赠者颁发收藏证、举办赠书展等方式，鼓励更多的社会人士参与厦门市图书馆文献资源建设，加入文献捐赠的队伍。

建立闽南地区图书馆文献交换平台。通过举办"地方文献征集与交换"培训班，加强闽南地区各馆间业务联系和交流，及时沟通文献信息，为实现资源共建共享夯实了基础。

开展以闽南文化为主题的宣传活动。邀请地方文化研究专家开办"闽台文化系列"讲座，设立地方文献主题专架。不仅将闽南文化的宣传阵地定在图书馆内，也积极走出图书馆，教小读者学习闽南语歌曲，赠送读者闽南文化光盘资料等。

搭建厦门地方史普及和学术交流平台。厦门市图书馆"厦门文史沙龙"于 2013 年 3 月启动，依托丰富的馆藏地方文献资源以及"洪卜仁工作室"等专家资源，邀请海峡两岸 30 余名文史专家、学者，通过学术研讨和交流、户外采风和寻访等多种形式，举办了45场专题活动，聚焦厦门地方文史、华侨华人、闽台历史渊源等50多个专题，推荐了近300种地方文献，吸引了2000余人参与，为市民搭建了一个公益性、开放式的厦门地方史普及和学术交流平台。

（二）以青少年和少儿活动为抓手，促进家庭阅读

图书馆是开展青少年素质教育的主要阵地之一，青少年"寒暑假热读"系列活动以寒暑假为契机，通过举办各类倡导阅读的活动，让图书馆成为青少年的社会实践基地、课外阅读课堂。

"寒暑假热读系列讲座——名师课堂"特别关注中小学生的成长及课外阅读兴趣的培养，帮助学生拓宽学习思路、提高综合素质，深受广大学生及家长的欢迎。经过十年积淀，这一活动已逐渐成为厦门市图书馆讲座的名片之一，几乎场场爆满，为莘莘学子与厦门名师之间搭建了近距离交流的平台。

厦门市图书馆每年举办两期"兴趣课堂"，邀请青少年读者与家长共同参与。每期课程都深受学生和家长的喜爱，它已经成为学生假期课外阅读的重要选择之一。"兴趣课堂"的内容涵盖了当前青少年感兴趣的各类课程，涉及科普、艺术、文学、户外、竞技等。"兴趣课堂"丰富青少年假期生活的同时，倡导家长的有效陪伴，共同推动家庭多元、多样化的亲子阅读。

"快乐绘本秀——家庭阅读推广大赛"通过家庭共同表演绘本，将亲子阅读立体式呈现，同时也加强了孩子与父母的互动，融洽了亲子关系。该活动每年于图书馆服务宣传周期间举办，至今已举办五届。其参赛规模已由最初的仅由厦门市图书馆选送，扩展到各区馆、分馆、民间读书会等多方选送，同台竞技。规模的扩大不断扩大活动的影响力。

（三）结合时事与热点，聚焦公众目光

能否迅速地吸引公众的关注决定阅读推广活动的开展效果，结合公众关心的时事与热点，不仅能吸引更多的读者参与活动中，也能得到媒体的关注，从而扩大活动的影响力，达到阅读推广的目的。

围绕重大时事，结合阅读做推广。如在北京 2008 奥运即将来临之际，为进一步传播奥林匹克精神，普及奥运会、残奥会知识，厦门市图书馆在"暑假热读"系列活动中开展了参观奥林匹克博物馆、"读报答题迎奥运""奥运英语"学习讲座等活动，努力营造人人主动学习奥运知识、个个争相为奥运做贡献的良好氛围。2017 年厦门迎来金砖国家领导人会晤这一重大国际性活动，厦门市图书馆把握全球瞩目厦门的机遇，推出一系列相关文化活动以配合主题宣传，共同提升城市品位和形象。"暑假热读"系列活动围绕"金砖"主题，开展多个年龄段的大型家庭亲子互动阅读活动，英文原版精读俱乐部演讲系列 Weekly News 连续推出 4 场金砖特别版活动，厦门市图书馆主题专架推出 6 期图书推荐，厦门市图书馆以金砖国家为内容，策划举办了关于南非、俄罗斯以及印度等金砖国家文化生活的主题讲座。一系列的活动让读者从阅读延伸活动中感受异国风情，为市民了解金砖国家提供良好平台，为促进国际文化交流创造良好契机。

以纪念日为契机，重温历史与经典。2011 年是辛亥革命 100 周年，同时也是厦门经济特区建设 30 周年。为弘扬辛亥革命精神、普及传播闽南文化、促进两岸交流、展现经济特区建设 30 年的成就，厦门市图书馆在 2011 年"我与书缘"读书宣传月活动中，围绕辛亥百年、两岸文化及厦门经济特区建设 30 周年等社会热点开展系列读书活动，包括"辛亥风云"主题图书专架和网站专栏推荐、"辛亥百年"视频讲座、"方寸美术之辛亥风云——欣赏孙中山及相关邮票"讲座等。2016 年恰逢莎士比亚、汤显祖两位文学巨匠逝世 400 周年，

厦门市图书馆开展"阅读无界，品读经典"4·23世界读书日系列活动，首次携手全市各区图书馆，与中国邮政合作，推出"全民阅读"纪念邮资封市（区）图书馆集章活动。同时为了让更多读者了解莎士比亚和汤显祖及其作品，通过主题展览、巡展、专题讲座、专题书架等形式，开展文化传播与知识普及。

（四）多维创新，助力阅读推广

创新是发展的灵魂，只有不断推陈出新，才能让"五大系列"活动走得更远、走得更好。

多项举措为视障人群提供特殊服务。（1）厦门市图书馆启动"双盲家庭亲子阅读"助残项目，该项目是以学龄前儿童且父母均为盲人的家庭为服务对象，以正式出版的绘本图书为母本，由经过培训的志愿者按照相应标准，将绘本改编成可供盲人"阅读"和理解的文本，同原版绘本一起提供给此类家庭的儿童，引导并协助他们实现亲子共读。（2）开展"让我，做你的眼睛"助盲讲电影活动，为盲人读者解说热门电影。至今该项目共举办专场活动5场，410位盲人读者参与，并于2018年初入选全国基层文化志愿服务活动经典案例。

跨界合作提高阅读推广活动影响力。以"爱阅读·游厦门"——厦门阅读手绘地图推广活动为例，该活动由厦门市图书馆牵头，充分利用社会资源，绘制并免费发放"厦门阅读手绘地图"。地图标注市区级图书馆及各分馆、24小时街区图书馆、特色书店等内容，在宣传厦门市的阅读文化服务的同时向来厦游客展示厦门的阅读环境。该项推广活动共有11.12万人次参与。再以4·23世界读书日全市阅读推广活动为例，本次活动以"真诚相邀　全城共读"为主题，以城市共读为基点，首次尝试全市范围内的跨界合作，涵盖了10家图书馆、5家书店和33家民间读书机构，根据豆瓣评分、借阅情况、销售情况等综合考量，甄选出 30 本候选图书，邀请读者进行网络投票，参与投票读者超万人，最终票选出"2017 年厦门读书人最想分享的十本好书"。4 月 23 日当天，在分布于全市各地的 17 个分享点进行推广，近 700 名读者在现场深度分享了"2017 年厦门读书人最想分享的十本好书"。本次活动获得"2017 全民阅读优秀案例一等奖"。

自然阅读亲子活动深受读者喜爱。厦门市图书馆"寻找老厦门"自然阅读亲子活动已连续开展 6 年，举办活动共计 19 场次、参与活动的读者达 710 人次，该活动融科普、人文、亲子、户外为一体，突出了厦门地方特点，边游边学，形式新颖。该活动已入选全国科普教育基地优秀科普案例。

三、活动成效

通过持续的宣传与推广，"五大系列"活动已在读者群中获得了良好的口碑，培养了公众的阅读习惯，满足了公众的阅读需求，活动成效达到了预期的目标。

活动辐射人群不断扩大。"五大系列"活动的宣传与推广，让更多市民了解图书馆、走进图书馆。2007 年厦门市图书馆到馆读者为 1 113 055 人次，每年递增，2016 年为 4 393 891 人次，增长了 294.76%；2007 年有效读者证为 24 912 个，2016 年有效读者证为 254 601 个，十年间增长了近 10 倍；2007 年外借册次为 779 499，2016 年外借册次为 3 935 279，增长了 404.85%；2007 年全馆活动场次为 119 场，到 2016 年增长到 1437 场；以"五大系列"活动的"我与书缘"主题读书月为例，2007 年参与活动的读者为 5700 人次，2017 年参与人次达 33 341，活动辐射的人群有了较大的增长。

阅读阵地得到了新拓展。除了以本馆为活动主阵地，厦门市图书馆还积极主动"走出去"，先后进入大型热门商业广场、写字楼、艺术馆等，将图书馆服务带入商圈、文化圈，引入图书馆营销概念举办读书沙龙、朗诵会、快闪活动、展览等。在策划活动时，也重点向城中村图书馆、外来务工人员子弟学校倾斜，为外来务工人员家庭送上适合孩子阅读和吟诵的经典文学读本，让外来务工人员家庭关注图书馆公益服务及各类读书活动。同时，以新的信息技术为载体，不断创新厦门市图书馆阅读推广活动，如在厦门市图书馆微信公众号上开展线上活动、Kindle 电子书外借服务、"飞鸽"传书等。

合作力量注入新鲜血液。长期以来，厦门市图书馆的阅读推广活动以独立策划、实施或与个别单位单独合作的模式运行。2009 年厦门各级公共图书馆为实现资源共享而成立了厦门市公共图书馆服务联合体之后，各级公共图书馆开始探索读者活动互联互动，以 2016 年 4·23 世界读书日主题活动为契机，首次实现全城公共图书馆联动。本次联动是厦门市公共图书馆服务联合体深化发展的体现，标志着厦门市在打造互通互联、无边无界的公共图书馆服务网络之路上迈出了关键的一步。2017 年的 4·23 世界读书日主题活动更是首次尝试全市范围内的跨界合作，涵盖了 10 家图书馆、5 家书店和 33 家民间读书机构，为厦门市图书馆今后的阅读推广活动提供了新的思路。除了在本地和周边城市开展阅读宣传推广活动，厦门市图书馆也积极探索国际上的交流与合作，与厦门大学等高等院校联合举办英国伯明翰城市大学《纸牌屋》作品展，与新加坡驻厦总领事馆举办两国双边关系图片展，与德国和韩国、新西兰等国合作，开办"异域风情"主题系列讲座及受赠外文图书等。

活动与新媒体平台相互促进。厦门市图书馆微信公众号于 2015 年正式运营，目前的粉丝量近 13 万。2015 年 4·23 世界读书日主题活动中推出"阅读·秋时光"图书馆写真活动，新增微信粉丝 5753 人，成为 2015 年"吸粉"最多的阅读推广活动。2017 年的"寒假热读"系列活动中，推出为期 16 天的"线上闹元宵　灯谜每日猜"，共有 9392 人参与，期间新增微信粉丝 2784 人。在 2017 年的 4·23 世界读书日主题活动中，线上线下活动相结合，通过引导读者观看网上展览，引导读者参与网上投票、音频赏析、线上小游戏等，新增微信粉丝 2649 人，包括"厦门日报""小鱼网"等在内的共计 24 个微信公众号发布本次活动相关推送 51 条，点击量达 85 145。

吸引媒体长期持续关注。在"全民阅读"的热潮下，"五大系列"活动的持续开展吸引了媒体的关注与报道。如 2016 年的 4·23 世界读书日主题活动中，厦门市图书馆在厦门电视媒体"TV 透"栏目开展"电子书是否取代纸质书"的辩论，把图书馆相关资源以电视辩论的方式通过电视平台广为传播，增进了观众对数字资源的了解，提高了厦门市图书馆数字资源库的知名度。2017 年的 4·23 世界读书日主题活动得到社会媒体充分肯定：厦门电视台"厦视新闻"、同安电视台"同安新闻"进行了 4·23 世界读书日读书分享会专题报道；《厦门日报》《厦门晚报》《海峡导报》等主流纸媒多次进行了报道；腾讯大闽网、搜狐网、网易新闻、台海网、厦门网等也进行了转载。媒体效应扩大了"五大系列"活动的影响力，也提高了公众对阅读、对图书馆的认知度。

"五大系列"部分特色活动一览

年份	活动主题	活动系列归属	特色说明
2007	"你选书、我买单"读者采书活动	图书馆服务宣传周活动	图书馆界新兴采访模式早期初探
2007	图书馆服务宣传进社区	图书馆服务宣传周活动	持续开展时间最长的图书馆基层宣传服务

年份	活动主题	活动系列归属	特色说明
2008	"关上电视，品读图书"——"世界读书日"志愿者读书宣传活动	4·23世界读书日活动	入选中国图书馆学会基层馆长培训教材
2008至今	"兴趣课堂"活动"名师课堂"讲座"文明小督导"社会实践活动	青少年寒假热读活动	常年持续开展，奠定图书馆在青少年群体中"社会教育课堂 课外实践基地"的重要基石
2008至今	"平安暑假 文化相伴""看世界 快乐行""穿越时空看厦门""阅读·梦想·成长"系列活动	青少年暑假热读活动	主题夏令营活动获厦门市直机关巾帼服务品牌称号
2009	进城务工人员子女"课业辅导"活动	青少年暑假热读活动	关爱特殊群体；青少年假期阅读推广
2010	"我最爱的一本书"进城务工人员子女读书演讲赛	青少年寒假热读活动	
2010、2013	电影与阅读	"我与书缘"读书月	首次展示馆藏电影海报；首次外借馆藏外文原版电影图书；首次与电视台合作电影类节目
2011	乘着动车去漂流	4·23世界读书日活动	福厦动车开通周年；图书漂流创新活动
2012	游走城市·同城阅读	4·23世界读书日活动	厦漳泉同城化文化探索活动
2012	影像中的书香	"我与书缘"读书月视频大赛	征集到美国、加拿大等国作品，袁腾飞、九把刀等名人宣传共推活动

85

年份	活动主题	活动系列归属	特色说明
2014、2015	"爱阅读·游厦门"厦门阅读手绘地图宣传活动	4·23世界读书日活动	全国首张手绘阅读地图；开发地图元素文创产品；获2015年出版界图书馆界全民阅读年会优秀案例二等奖
2016	阅读无界　品读经典	4·23世界读书日活动	定制"阅读"主题个性化明信片、"全民阅读"纪念邮资封
2015、2016、2017	"阅读·仲夏梦"穿"阅"小人书"咏春"——青少年诗词会"悦"响八月——家庭·亲子阅读分享会	青少年寒假、暑假热读活动	阅读推广活动进入繁华商圈
2016	"文明阅读"系列活动	青少年暑假热读活动	创立图书馆卡通形象以展览、剧场表演宣教文明阅读；获中国图书馆学会"2016年阅读推广优秀项目"称号
2017	"真诚相邀　全城共读"	4·23世界读书日活动	全城共读、全媒体宣传、全新创意；获2017年出版界图书馆界全民阅读年会优秀案例一等奖

少儿阅读推广：
青岛市图书馆"小贝壳快乐营"活动

青岛市图书馆

一、小贝壳品牌活动基本情况

"书海拾贝·快乐引航"小贝壳快乐营（以下简称"小贝壳"）少儿阅读品牌活动，是青岛市图书馆为岛城16岁以下少年儿童打造的一个集学习、娱乐于一体的阅读互动平台，通过定期组织形式多样的阅读推广活动，帮助小读者树立正确的阅读观，引导小读者热爱阅读，陶冶美好情怀，塑造优秀品质，促进身心全面发展。作为一个引领儿童阅读时尚的公益活动品牌，自创立至今的十年时间里，通过小贝壳巧手时间、小贝壳木偶剧场、小贝壳知识乐园、小贝壳家长课堂、小贝壳亲子读吧、小贝壳未成年人社会课堂、小贝壳阅读课堂等十大活动版块，举办了"弘扬传统美德、传播中华文化、讲述中外经典"等主题内容的千余场少儿阅读推广活动，以平均每周两场的高频率使小贝壳人气持续上升，深受家长和孩子们的喜爱。"书海拾贝·快乐引航"已在国家工商总局商标局登记注册，并于2012年1月被正式授予"山东省服务名牌"荣誉称号。小贝壳公益品牌活动成为青岛市图书馆为岛城少年儿童提供特色阅读服务的抓手，在少儿阅读引导方面发挥了积极作用，为青岛市图书馆赢得了普遍的赞誉和良好的社会影响。

87

二、小贝壳品牌活动的实践历程

1. 创建之初

青岛市图书馆以肩负传承中华优秀文化、培养提升少儿阅读习惯为己任，于 2009 年初本着"以品牌促活动、以活动促阅读"的理念，创建了属于未成年人自己的文化活动公益品牌——小贝壳快乐营。为获得小读者的认同感，在创建之初就设计了独具青岛特色、富有童趣的活动标志，并以"小贝壳"昵称使活动名称朗朗上口。最初的活动设计从"插上理想的翅膀"手工制作开始，推及折纸、彩绘、捏泥、刮画，各种形式的动手活动呈现在孩子们面前，让孩子们领略了安安静静的图书馆所蕴藏的生气勃勃和无穷魅力。陆续地，木偶剧场、游戏时刻、欢动舞台等版块给小读者带来了惊喜与收获，来馆办理少儿借书证的孩子多起来，来少儿借阅室看书的孩子多起来，小读者以及家长和馆员的沟通多起来，小贝壳的名声开始传播开来，这让每一位馆员兴奋，策划活动的精气神更足、思维也更活跃了。

2. 渐入规范

随着参与活动的读者越来越多，青岛市图书馆开始陆续增设更多版块，并在实践过程中，梳理总结了一套运行程序，每一场小贝壳活动都按照策划准备期、活动实施期、总结反馈期三步骤来实施，从而使每一期活动主题鲜明、内容充实、运行有序、宣传及时、档案完整，也因此塑造了少儿活动的持续开展、参与性高以及值得信赖的良好形象。

策划准备期。根据少儿图书流通情况、读者需求、社会热点、纪念日等因素，确定活动主题；根据主题选择合适的活动形式；制订活动方案，并形成预期目标；通过报纸、网站、宣传栏等媒介对活动进行预告；落实人员安排、道具准备、现场布置、活动报名等一切准备工作。

活动实施期。馆员根据既定的活动主题和活动形式，引导小读者参与完成整个活动流程，在活动中馆员按照预期目标向小读者传达活动主旨以及相关知识信息，让孩子们跟随老师的引导不知不觉间明白其中的道理、收获资讯。

总结反馈期。活动结束后，要好好总结及整理档案。根据活动登记表，统计参加活动的读者数量、读者年龄结构等信息，为改进服务提供参考；根据与读者的现场交流、电话访谈以及网络留言等，对活动的效果进行评估；馆员座谈交流，分析活动得失，撰写活动总结，为以后开展活动提供借鉴；定期对读者发放问卷，调查满意度，获取读者的建议与意见，以不断提升与丰富小贝壳内容。

3. 深入推进

在维护小贝壳品牌发展的过程中，青岛市图书馆在活动的版块设计、内容的丰富多样、团队的能力培养以及社会的有效合作方面都在不断拓展、不断完善。

第一，针对不同年龄的小读者设计不同形式的活动，以使活动符合年龄特点，富有吸引力。比如，对于低幼儿童，设计亲子读吧、木偶剧场等适合父母陪同孩子一起参与、以看和听为主的活动形式；对于小学中低年龄孩子，举办游戏时刻、知识乐园等以兴趣为主、增长知识的活动；为小学高年级孩子举办奇趣空间、欢动舞台等可以展示自我、拓展视野的活动；初中生则组织阅读分享、志愿者活动等偏重锻炼能力、提升素养的阅读活动。另外，部分通用版块比如巧手时间、影视赏析，则根据不同年龄设计主题内容，使每一位参加活动的小读者都能乐在其中、喜有收获。

第二，在活动内容的设计上，也在不断改进、不断丰富，由原有的单一形式、单一内容逐步发展到百搭式，比如一场活动里，会安排小读者听一个故事、动手做一个故事里的角色折纸、分角色表演等，这是适合孩子们活泼好动、好奇心强的特点的，以此全方位地引导孩子们感受阅读、参与阅读。以一场中秋节举办的"亲子读吧"活动为例，策划者设计了如下环节：首先由馆员通过提前制作的PPT带领孩子们一起阅读绘本《中秋节的故事》，老师在绘声绘色的讲解中不时提问与孩子们互动，把这个传统节日用美好的故事传递给孩子们；接下来是绘画环节，每个人分到一个模版，涂色以及补充自己想象的画面，然后跟大家分享自己的画作故事；下一个环节安排了月饼品尝，分享的的同时引导爸爸妈妈和孩子们一起聊聊中秋的传统习俗以及相关的诗词、成语，把中秋节家庭团圆、亲情美好的寓意传递给大家。一场活动下来，馆员是辛苦的，也是快乐的，因为他们看到了孩子们的欢呼雀跃，家长们的满面笑容，这样的小贝壳活动是生动有趣、深受欢迎的。

第三，开展馆员队伍的再培养。小贝壳从开始就以原创为宗旨，馆员结合资源情况，为各个年龄段的小读者确定活动主题、选择活动形式、准备宣传稿件、组织活动开展、沟通协调读者，这一系列工作需要馆员不断学习、不断提高自身水平。为此，从专业职称、知识专长、年龄结构、性格特点等方面综合考虑，青岛市图书馆为小贝壳团队配置了性格活泼、年富力强、善于与小读者沟通、有艺术特长或擅长儿童心理教育的图书馆员，定期组织馆员交流心得、相互取长补短，人力资源的合理配置保障了少儿阅读活动的稳步持续发展。同时，青岛市图书馆还拥有一批有着较强的公共意识和奉献精神的大学生、中学生志愿者，他们的加入给阅读活动的推广带来充足的人手，为活动的开展注入了活力。2017年5月，青岛市图书馆小贝壳志愿服务队被共青团青岛市委、青岛市青年志愿者协会授予"青岛市青年志愿服务先进集体"称号。

第四，小贝壳吸引越来越多的社会力量加入，阅读活动内容更加丰富。从最初的育儿机构、亲子园，小贝壳逐渐拓展合作领域，从政府部门（市妇联、市文明办、市关工委、区市教体局等）、学校和家庭、媒体、出版社、各专业机构获取从技术、人员到财力的支持和补充，在一定程度上促进了小贝壳阅读活动的良性发展，也进一步扩大了小贝壳的社会影响力。比如去年小贝壳尝试联合青岛市各街道和智慧同城共同开展了"童声献给党——小小接班人""童声献祖国——我和我的祖国""童声献教师——园丁颂"系列朗诵大赛，历时四个月，共有14万人参与了投票。许多家长踊跃带领孩子参与，此项活动受到岛城市民的广泛关注，也取得了较好的社会效益。

4. 延伸发展

最初创建小贝壳品牌时设计的总体发展思路分三步走：

第一步，在品牌发展初期，通过举办内容丰富、形式多样的阅读推广活动聚揽人气，以多渠道的宣传手段使小贝壳品牌深入人心。

第二步，加强与社会相关机构的联手合作，获取从技术、人员到财力的支持和补充；同时争取财政支持，将品牌活动做精做细，形成规范化模式，让更多的未成年人受益。

第三步，在稳步发展的基础上，建立品牌新陈代谢机制，提高品牌造血能力，争取政府相关部门的政策支持，建立全市公共图书馆阅读推广体系，形成统一活动标识、统一组织规范、统一宣传形象，以提升青岛地区公共图书馆系统的整体形象和服务能力。

截至目前，小贝壳是山东省唯一一个被评为全省服务名牌的公益品牌，这是其深受读者喜爱的有力佐证。2017年小贝壳被青岛市文广新局推荐为"青岛市文化品牌（活动类）精品扶持项目"，也预示着小贝壳完成了第二步发展。接下来，青岛市图书馆将为着心中

4·23世界读书日"腹有诗书少年郎"青岛市少儿诗词大赛决赛现场

小贝壳手偶剧场活动：话剧院演员童话剧现场表演

那份"普及阅读理念、塑造少年素质、共创和谐家园"的美好夙愿，在提高管理水平、加强多方沟通、提升馆员队伍素质与技能、提高活动整体策划水平等方面下功夫，不忘初心，继续前行，以图书馆人的担当与文化自觉，更好地担负起图书馆引领阅读的社会使命，让孩子们在快乐中收获、在收获中感悟、在感悟中成长。

三、小贝壳品牌活动的借鉴之处

小贝壳的各版块阅读活动始终坚持以"读书"为核心、在"笼人"上动脑筋、在"实效"上做文章、在"求新"上想办法、在"持久"上下功夫，让小读者轻松感受阅读、快乐分享阅读，不知不觉间爱上阅读、爱上图书馆。通过这些年的实践积累，归纳出几点经验，为行业内开展未成年人阅读活动提供参考。

1. 以持续开展为根本，打造持久影响力，提升图书馆社会效益

图书馆的少儿阅读活动主要目的是引导阅读兴趣、培养阅读习惯，是要巩固阅读文化，令阅读文化有一个适于生长的空间，因此，图书馆的阅读活动需要长期地、持续地、规律地开展，并非一时兴起、临时而为。阅读是具有感染力的文化，图书馆和读者都沐浴其中。实践证明，图书馆的阅读活动想取得成效，需要图书馆人付出持之以恒的毅力和耐心。小贝壳坚持在每个周末定期组织版块活动，同时在元旦、春节、中秋、重阳等传统节日以及4·23世界读书日、图书馆宣传周、非遗等纪念日的节点推出主题活动，可谓丰富多彩、琳琅满目，保证了活动的长期性和持续性，让小读者养成了一种在休闲时光、节日假期就来图书馆的习惯。小贝壳以年均120场活动的高频率，吸引小读者走进图书馆，满足其阅读需求，使其对小贝

壳品牌形成信赖感，从而维系小读者与小贝壳品牌的感情，有利于小贝壳品牌形象的维护和品牌的发展。

2. 以自主原创为主、社会合作为辅双线并行，维护、拓展品牌发展

小贝壳的多个版块完全由馆员自行设计、确立主题、组织内容，这是建立在馆员和小读者良好的互动与沟通的基础上。馆员了解孩子们所想，满足孩子们所需，因而参加小贝壳的家长和孩子们纷纷表示：小贝壳活动有趣、有料。比如深阅读体验活动，是近几年开始尝试举办的又一原创阅读活动，利用图片、音频、视频等丰富的多媒体手段，全方位、立体化呈现整本书的内容及线索，将历史、地理、科技、社科类等知识融入对书的揭示中，真正使小读者"吃透"一本书，汲取丰富知识。先后举办《战马》《岳飞传》《恰同学少年》《老人与海》等图书的阅读分享活动，参加现场活动的孩子和家长都纷纷表示开阔了眼界，真正有感触、有收获。

而面对前来寻求合作的机构，青岛市图书馆仍然本着从小读者角度出发，首先考虑能给孩子们怎样的阅读感受以及如何与阅读完美地结合，而不是把主动权交由合作方，这需要馆员们二次策划，更加精巧地设计组织活动。比如今年4·23世界读书日青岛市图书馆与悠贝亲子图书馆联合策划组织的"母亲的力量——阅读点亮青岛"领读者接力活动，最初的合作意向只是通过小贝壳寻找妈妈领读者，由悠贝机构做阅读培训，活动目的就是让妈妈们学会如何辅助孩子阅读。而通过多次沟通，最终确定的方案是由青岛地区公共馆体系联手组织招募领读者，经由悠贝的专业培训请她们定期参与各馆组织的阅读活动，这样的策划组织，既丰富了该项活动，扩大了影响力，又充分利用了悠贝阅读培训机构的专业培训机会，同时还丰富了各馆下半年的阅读活动以及解决了组织活动人手缺乏的问题，可谓一举数得。这也是小贝壳借与社会力量合作的机会，想方设法满足小读者需求的同时兼顾维护品牌发展的典型案例。

3. 以重视读者体验为出发点和落脚点，做与众不同的品牌阅读活动

"想孩子们所想，做小读者喜爱的阅读活动"，这是小贝壳组织活动的初衷，也是活动策划的要求。下面以实例说明青岛市图书馆是如何重视小读者感受、打造与众不同的小贝壳的。

小贝壳奇趣空间活动是科普专题版块，与实验类图书紧密结合，给小读者展示一些小实验，让他们真实感受科学的神奇。每次活动结束后，都有小读者兴奋地冲进书库找 N33 类目以及科普类图书。另外这个版块活动还有一个特色，给参加活动的小读者做主讲老师的是一些高中学生，这个活动达到了这样的一个效果：青岛市图书馆科普类阅读活动有了帮手，解决了人手不足的问题；高中的大孩子们把课堂的知识带到了活动当中，有了实践的平台；参加活动的小读者们直观地感受到了科学的魅力，激发了他们的兴趣。应该说实现了三方共赢。这一活动案例说明了公共图书馆有这么好的资源，需要真正地发挥作用，而能让其发挥作用的，是每一个图书馆人能积极开动脑筋、与时俱进，通过组织开展阅读活动提高图书馆各类资源的利用率，使得国家为百姓投入的文化服务资源发挥更大的作用。

打造地方特色，也是小贝壳品牌保持活力、引领潮流的需要。2005 年青岛市委市政府提出了打造"音乐之岛"城市文化品牌的战略目标，以提升青岛的城市品质，促进青岛与世界的国际文化交流。小贝壳因势而动，于 2009 年打造了一支由近百名 5—15 岁琴童组成的小贝壳乐团。每逢节假日、休息日、纪念日等节点举办内容丰富的活动，叫作"琴弦上的阅读"。小乐团坚持周末公开排练、定期举

办公益培训班、解读音乐家及其作品，为热爱音乐的孩子提高音乐技能的学习与交流创造了机会，更重要的是在普及大众音乐素养、提升文艺品味方面发挥了积极作用。伴随小贝壳成长的小乐团，多次参加国内外演出活动，曾在2011年、2012年、2015年三次受邀分别赴德国、奥地利参加了瓦瑟堡和萨尔茨堡的音乐节演出，在岛城小有名气。以音乐元素为主题组织演出活动，同时还能与阅读挂钩，是小贝壳的青岛特色。

4. 以推陈出新、始终保持创新意识为动力，保持小贝壳活动的勃勃生命力

小贝壳在建立活动长效机制的基础上，努力推陈出新。不满足于现状、不止步于当前，始终保持创新意识，给小读者不断创造惊喜，让图书馆成为孩子们童年的美好记忆。2013年起小贝壳推出了"四季阅读夜"系列活动，一经推出，大受欢迎，当然不仅是因为夜晚与白天的感受不同，更主要的是活动的内容让参与者大呼过瘾。以一场"春的诉说"主题夜读活动为例，活动的环节如下：以一段维瓦尔第的"四季——春"小提琴曲开场，曲终主持人会解读曲目，一起体会音乐中春的感受；再由朗诵协会的老师为大家献上散文名篇的朗诵，从文字里体悟春的魅力；互动时间，大家纷纷表达对春的印象，妈妈爸爸和孩子们有了共同的话题；个人展现时间里，小读者用不同形式描述春的主题，比如一段舞蹈、一首歌曲、诗词朗读等；接下来，主持人会给大家分享与春天有关的文学作品或是播放一段春天主题的影视作品。在"四季阅读夜"的基础上，2017年青岛市图书馆又推出了"图书馆奇妙夜"活动，邀请孩子和家长晚上住在图书馆，了解图书馆的历史、参观图书馆、观看童话剧、做寻宝游戏、听睡前故事，最后在图书馆安营扎寨，度过美妙的夜晚。

夜读活动中，馆员积极地以不同形式和内容为小读者带去惊喜

与快乐，因此小贝壳深受孩子们的喜爱。所以，我们认为，图书馆阅读活动不仅要保持持久性，同时要保持创新性，不断带给小读者们新的体验、新的感受，才能更好地将阅读进行到底。

四、小贝壳阅读品牌活动的
示范引领作用及社会效益

小贝壳的坚持与用心，使青岛市图书馆成为青岛市重要的少年儿童素质教育基地、岛城学童名副其实的第二课堂。

（1）地区带动作用。小贝壳系列活动受到本地同行的认可，各区市图书馆少儿工作人员会不时地请教取经，小贝壳也多次专门组织各区市同行进行集中学习和经验交流，小贝壳还向基层馆输送资源、帮扶基层馆开展活动、与基层馆联合开展活动，譬如为青岛地区十区、市图书馆举办"绘本阅读活动公开示范课"，联合各区、市图书馆举办"喜阅4·23"情景剧展演等。

（2）行业带动作用。小贝壳系列活动多次被《中国文化报》报道，国内公共图书馆同行在青岛市图书馆参观学习时，也对小贝壳的做法表示赞赏。小贝壳在中国图书馆学会举办的"全民阅读推广活动经典、创新案例征集"以及华东地区少年儿童图书馆工作协作委员会组织的"华东地区未成年人阅读推广活动案例"征集中皆荣获一等奖，充分说明小贝壳阅读推广活动有较好的创新性和较强的探索性，具有示范引领和可供宣传推广的价值。

（3）活动宣传与知名度提升。青岛市图书馆通过馆内宣传、馆外宣传与网络宣传相结合的三位一体的宣传方式，让更多读者了解小贝壳。加强与电视台、广播电台、报纸、网络等媒体的联系，积极进行活动宣传。自青岛市图书馆微信公众平台开始运行以来，微

信图书馆积极组织发布活动信息，提高了小贝壳的知名度。2018 年的网络搜索引擎调查显示：在百度搜索输入关键词"青岛市图书馆小贝壳"，检出相关结果达 20 100 条，对青岛市图书馆的社会影响力和知名度的提升起到了积极作用。

（四）活动参与度高。统计数据显示，小贝壳运行十年来，现场参与活动人数累计达 10 万余人次。有口皆碑的服务效应使更多的孩子受益。2008 年、2012 年、2016 年的读者问卷调查数据显示，96%的读者对小贝壳服务评价为非常满意和基本满意，高满意度使小贝壳系列活动在读者中口口相传，小读者数量不断增加。

青岛市图书馆相信滴水穿石的力量，持之以恒、润物无声，小贝壳阅读推广活动，犹如在"播撒阅读的种子"，十年时间里，收获了良好的社会效益。小贝壳帮助孩子们通过阅读去认识这个多彩的世界，学会与人与自然和谐相处，培养良好的阅读习惯和图书馆意识，让大家领略到了公共图书馆所具备的阅读推广的独特优势和魅力。青岛市图书馆也坚信只要图书馆人坚持做下去，会有"美妙花开的那一刻"。小贝壳将陪伴岛城的少年儿童拥有一个美好的书香童年。

打开心灵成长空间：
西安图书馆小荷读书会

西安图书馆

西安图书馆小荷读书会成立于2013年，主要开展对未成年人阅读推广工作，5年多来，开展阅读推广活动255场，接待参加活动的小读者10 092人次，受到小读者和家长的广泛欢迎，在西安市有相当的认知度和美誉度，有良好的社会影响力。在2014年、2015年被西安图书馆授予"特色服务奖"，在2016年被西安图书馆授予"品牌建设奖"，荣获中国图书馆学会"2016年阅读推广优秀项目"。

一、小荷读书会宗旨

关心儿童精神成长，搭建公益公共文化阅读推广服务平台，创建有利于儿童精神成长的成长空间，开展多种形式的寓教于乐的少儿阅读推广活动，用诗歌、童话、寓言、神话故事、绘画、音乐、手工制作等文化活动内容丰富儿童精神生活，培养儿童阅读兴趣，陪伴儿童快乐阅读、快乐成长，对未成年人进行社会主义核心价值观教育。

二、小荷读书会系列活动介绍

小荷读书会在节假日和每周六定期开展各种寓教于乐的少儿阅

读推广活动。系列活动包括：经典阅读、小荷故事汇、佳琪伴读、艺海拾贝、我是西安人、我们的节日、萌眼观影、智慧魔方等。

1.经典阅读

中华传统经典文化是民族的灵魂和社会的精神给养。无论是建设中华民族共有精神家园，抑或是建设社会主义核心价值体系，最终都是要以文化为载体。一切精神果实和智慧花朵，都是在经典文化的胚基上孕育、滋长并逐渐成熟起来的。所以，让经典文化成为孩子生命成长的底色，他的生命就会硕果累累。

2016年5月27日小荷读书会开展"与圣贤为友 与经典同行"经典诵读活动，参加活动人数140人。2016年7月15日至8月26日暑假期间开展14场中华传统经典文化诵读活动，主要辅导小读者诵读《道德经》《大学》《中庸》《周易》等中华经典，小读者通过学

《月亮的味道》绘本剧排演

习，对中华传统文化有了一些认识，活动在他们幼小的心灵中扎下了中华传统文化的根。

2. 小荷故事汇

小荷故事汇活动通过给小读者讲故事，让小读者听故事、演故事，满足孩子的好奇心，培养孩子的想象力，让孩子爱上故事，爱上阅读。

2016 年 10 月 1 日，小荷读书会开展绘本故事排演《月亮的味道》《我一点也不丑》，参加的小读者有 40 多人。

2016 年 10 月 2 日，小荷读书会开展绘本故事排演《你别想让河马走开》《星星像什么》，参与活动的小读者有 35 人。馆员首先为小读者讲故事，然后小读者分组排演故事，孩子们乐在其中，整个过程非常欢乐。2016 年 10 月 22 日，小荷故事会排演绘本故事《小蚯蚓的日记》，参加活动人数 70 人。2016 年 12 月 3 日，小荷读书会排演寓言故事《狐狸骑着老虎跑》，参加活动人数 40 人。

（1）伴读的最佳姿势

在 2016 年 4 月 23 日世界读书日当天，西安图书馆小荷成长空间迎来了一群特别的小读者，他们被称为"星星的孩子"，他们是一群特殊的群体——自闭症儿童。一群志愿者哥哥姐姐们，在西安图书馆小荷成长空间里，拥着他们讲故事，看二十四节气动画故事，为他们演童话故事，辅导他们排演故事，听他们自己讲故事。

（2）瑞比的坏心情

2018 年 1 月 27 日下午，小荷读书会组织教小读者学唱英文儿歌 Hot Potato，洋洋妈为孩子讲故事《瑞比的坏心情》。

本期洋洋妈讲故事带来的是经典故事《瑞比的坏心情》，故事的主人公瑞比在菜园里种了胡萝卜，但一连下了几天的雨，把胡萝卜都冲走了。瑞比的胡萝卜全完了，心情无比糟糕，朋友都为她想办法，希望她心情能好起来。最后瑞比想到了办法，种起了水稻，解决了难题，开心起来。

这个故事告诉小朋友要不怕困难，努力想办法，不要放弃。

　　瑞比简直是百亩林里最聪明的兔子了，虽然刚开始时大雨给他带来了麻烦，但他始终在想办法，最后终于解决了难题。小朋友，我们遇见困难的时候，也应该向瑞比学习，只要你肯开动脑筋办法总是有的。最后，不要忘了感谢帮助你的朋友们！

（3）记住神奇的号码　儿童避免受伤害

5月12日是"全国防灾减灾日"，为了提高未成年人的自我保护意识，让他们了解日常生活中遇到灾害时如何求救，避免受到伤害，西安图书馆小荷读书会在2018年5月12日下午开展了阅读推广活动——绘本故事排演《神奇的号码》和《彩虹色的花》。

　　"蘑菇礼堂着火了！"一群动物冲出蘑菇礼堂喊了起来。

　　"赶快拨打火警电话119！"一只聪明的猴子喊道。熊叔叔拿出了电话，拨通了。"我这里是蘑菇礼堂，我们这里着火了！"消防车马上赶到，很快扑灭了大火。

　　突然，花猪奶奶晕倒了，"怎么办呀？怎么办呀？"动物们慌张地不知所措。

　　"赶快拨打120救护电话！"

　　熊叔叔又拿出了电话拨打120，急救车来了，他们把花猪奶奶拉到医院去抢救。

　　三只大尾巴狼趁着动物不备，想伤害小兔子，被熊叔叔看到了，他立刻拨通了报警电话110，警车赶到，抓走了三只大尾巴狼。

通过寓言故事的排演和演出，让小朋友明白，在什么情况下需要拨打火警电话 119、救护电话 120、报警电话 110。

排演完绘本故事《神奇的号码》，老师接着为小读者讲绘本故事《彩虹色的花》。故事讲了彩虹色的花春夏秋冬的变化和她的生命过程中，甘愿用自己的花瓣来帮助别人，为他人奉献。小读者在老师的指导下，也进行了这个绘本故事的排演，小读者在故事排演中，锻炼了语言表达能力，从中也得到了有益的启示。整个下午，他们在小荷成长空间，沉浸在童话故事中。

3. 佳琪伴读

假期里，闲暇时，在西安图书馆小荷成长空间有两位叔叔：贾佳和苏清琪，他们精心挑选适合孩子的图书，陪伴孩子一起读书。

《安妮花英语自然拼读》是西安图书馆小荷成长空间为少儿读者学习英语特别购买的学习资料，在暑假期间，小荷读书会开展"佳琪伴读"活动，老师伴随孩子学习地地道道原汁原味的英语，这项活动于 2016 年 7 月 15 日上午开始。

苏清琪老师凭借自己精通英语的特长，利用英语动画、歌曲、童谣、英语绘本故事，对小读者开展英语语感启蒙教育，辅导孩子学习英语，学习英语字母在单词拼读中的发音。孩子们积极参与，讲述着动画片中的卡通故事。培养孩子学习英语兴趣，让孩子在玩中学，学中玩，慢慢喜欢学习英语，是活动的目的。馆员给家长介绍对儿童开展英语语感启蒙教育的方法，介绍如何利用少儿英语学习网站内容学习英语。在英语培训商业化氛围浓厚的现今社会，公共图书馆利用自己的资源，发扬公益服务精神，为孩子提供公益免费学习，受到家长的赞誉。

4. 艺海拾贝

艺术滋养孩子生命。用音乐、美术等艺术表现形式，对孩子进行美的熏陶，让孩子感受艺术之美。小荷读书会在中秋节开展制作"月饼"活动，在圣诞节开展制作圣诞礼物活动，在学雷锋日开展学做《手抄报》活动。

举杯邀明月　同享中秋情——中秋月饼手工制作

为深入挖掘中国传统节日内涵，继承和弘扬中华民族的优秀传统，并锻炼孩子们的动手能力，2016 年 9 月 10 日下午，西安图书馆小荷读书会特举办主题活动：手工制作中秋月饼。

为吸引更多小朋友参加本次活动，小荷读书会提前在 QQ 群和微信群中广邀幼儿参与诵读活动，小朋友踊跃报名。在活动现场，小朋友们诵读关于中秋节的古诗词，古诗词中的描述使孩子们联想到了中秋节自然景色的美好，并了解中国古代文人对自然的情感，让孩子们从自然和文化的视角去看我们传统的节日。

活动伊始，主持人介绍了中秋节的来历：中秋节源自于人们对月亮的崇拜。

儿童天性好动，将知识与趣味、朗读与动手相结合能够很好地提升他们的参与度和乐趣。这次活动特别设置了中秋月饼手工制作环节，20 多组家庭两两结对，利用小荷读书会提供的超级黏土、彩色橡皮泥，在老师的辅导下，全家协作，制作出了形态各异的"中秋月饼"。现场，家庭气氛融洽，孩子们在动手中得到了乐趣，家长在参与中加深了与孩子的情感交流。

5. 我是西安人

传承历史、宣传西安，讲述发生在西安的故事，走读西安，让孩子感受西安的文化之美，景色之美。

（1）西安事变的故事

12 月 12 日，在西安的历史上，是一个特殊的日子。震惊中外的西安事变，就发生在 1936 年 12 月 12 日的西安。但是生活在西安的现代人，很多人对这一天已经不再有记忆。为了让小朋友了解历史，了解西安，西安图书馆小荷读书会在 12 月 12 日下午，组织小朋友读者听西安事变的故事。

"12 月 12 日是什么日子？"老师启发小朋友。

"是购物节。"有小朋友大声答道。现在的购物节真多，难怪小朋友这样回答。

"12 月 12 日，是一个跟西安有关的重要历史事件发生的日子。今年，我们中国隆重纪念抗日战争胜利 70 周年。西安事变的发生，对中国抗日战争的胜利，有着重要影响。西安事变，也称为"双十二"事变，发生在 1936 年 12 月 12 日的西安……"老师给小朋友讲述西安事变发生的历史背景、发动西安事变的历史人物、西安事变发动的经过、西安事变的解决过程和西安事变对中国抗日战争统一战线形成的影响，老师用小朋友听得懂的语言来慢慢讲述，讲述过程中也不断和小朋友互动，适时提问，让小朋友思考参与。小朋友听得津津有味。

讲完西安事变，老师为了让小朋友更加了解西安，也为了锻炼小朋友的语言表达能力，对小朋友说："现在你们每个人想一想，说一说你们去过的西安最好玩的地方是什么地方？"

小朋友一听好玩的地方，马上来了兴趣："西安城市运动公园、大雁塔广场、兴庆公园、大明宫遗址公园、世园会、西安图书馆。"

小朋友说出了很多好玩的地方，当有小朋友说到西安图书馆时，老师问："西安图书馆为什么好？"小朋友答道："因为我喜欢看书，这里有很多好看的书。"

105

老师认为这个小朋友的回答可以让小朋友思考读书的好处，就继续启发小朋友，问道："你们大家想一想你们为什么喜欢看书？"

"因为书中有很多有趣的故事。"

"因为看书可以让我们学会认字。"

"因为书教我们做人的道理。"

"看书让我们知道以前发生的历史。"

"看书可以让我们了解没有去过的地方。"

孩子们一个个争着发言，他们的回答都很好，老师对小朋友的回答及时鼓励称赞。最后，老师让小朋友给大家讲故事。有几个胆子大的小朋友站在前面给大家讲成语故事，讲完后在场孩子和家长热烈鼓掌鼓励。通过讲故事，孩子们锻炼了胆量和语言表达能力。

（2）花香伴书香　走读灞柳岸

在春暖花开之时，在4·23世界读书日来临之际，2017年4月15日，西安图书馆小荷读书会组织少儿读者和视障读者、老年读者一起开展"书香伴花香　走读灞柳岸"阅读推广活动，受到了参加活动的读者的热烈欢迎和赞赏。

上午9时30分，参加活动的读者准时签到集合。参加活动的读者，年龄最小的6岁，最大的82岁。他们都是经常到西安图书馆读书，积极参加西安图书馆所举办的阅读推广活动的读者。西安图书馆馆员出发前向大家告知本次活动过程中应该注意的事项：强调应该注意途中安全，在行走中要照顾好盲人和老人，小读者要为盲人做好"导游"，要不怕累，不怕苦。大家进入西安世园会，被世园会的自然风景深深吸引，小读者拉着盲人的手，大声为盲人介绍自己看的"世园会春景图"，盲人读者也爱护地拉着小读者的手，给他们讲做人的道理。志愿者更是有爱心，一会儿护着小孩，一会儿搀扶着盲人，一会儿为老人拎包。走到一片宽阔的草地上，大家停了下来，围坐在一起，西安图书馆的馆员为大家朗读海伦·凯勒的著作《我的老师安妮·莎莉文》。书中讲述了安妮·莎莉文用极大的爱心、耐心和毅力，在没有任何教育经验可以遵循的情况下，从尊重孩子的天性、引导孩子的兴趣出发，在摸索中成功地将海伦·凯勒从一个心智未开、桀骜不驯的小女孩培养成一名通晓5种语言、知识渊博的学者和一名创造非凡的成就、获得无数荣誉的社会活动家，堪称人类教育史上一大奇迹。盲人从书中听出了盲人的自强自立，家长从书中听出了教育孩子的方法，孩子听出了奋斗不息的故事，也为自己未来的学习立下了志向。

继续前进，穿过世园会，沿着灞河东岸大道，一直走入灞河生态湿地公园，沿途小读者为盲人朗读图书，讲故事。整个走读活动持续近5个小时，最后到达地铁一号线纺织城终点站。整个活动行程有15公里，在某些人看来，他们是"老弱病残"，但参加活动的每一个人，通过这次活动，用行动证明他们是意志坚强的人、精神丰富的人、情趣高雅的人、助人为乐的人、积极向上的人。参加这次活动的读者说，西安图书馆组织的这次活动，达到了让他们"欣赏自然、愉悦心情、锻炼身体、增添智慧、加强交流、奉献爱心"的目的。

6. 我们的节日

中国传统节日，是中国悠久历史文化的一个重要组成部分，清晰地记录着中华民族丰富而多彩的社会生活文化内容。在节日里，讲述节日的文化内涵，一起庆祝节日，目的是让孩子了解传统文化，传承传统文化，增强文化自信。春节开展大年里的趣味楹联活动，元宵节开展元宵佳节猜谜语活动，清明节开展制作风筝活动，中秋节开展手工制作"月饼"活动，这些活动的开展，丰富了孩子的节日生活，让孩子了解了中国节日的文化内涵。

（1）喜气洋洋添智慧　撰写楹联过大年

楹联是什么？上联和下联有什么关联？什么时候挂什么样的楹联？在 2017 年 1 月 14 日周六小荷读书会活动中，西安市楹联协会何川老师为小读者和家长做了精彩解读。

对联又称对偶、门对、春贴、春联、对子、桃符、楹联（因古时多悬挂于楼堂宅殿的楹柱而得名）等，是一种对偶文学，起源于桃符，是写在纸、布上或刻在竹子、木头、柱子上的对偶语句。言简意深，对仗工整，平仄协调，字数相同，结构相同，是中文语言的独特的艺术形式。楹联习俗在华人乃至全球使用汉语的地区以及与汉语汉字有文化渊源的民族中传承使用，对于弘扬中华民族文化有着重大价值。

（2）洋洋妈讲故事之中国春节民俗故事

春节将至，为了让小朋友更多地了解中国传统节日文化，西安图书馆小荷读书会于 2018 年 2 月 10 日和 2 月 13 日开展两期小荷读书会洋洋妈讲故事活动，为小读者讲中国春节民俗故事：《老鼠嫁女的传说》《过年放爆竹的传说》《接财神的传说》《熬年守岁的传说》《年兽的传说》《贴春联和门神的传说》，通过一个个生动有趣的故事，使小读者了解中国的传统节日文化。

7. 萌眼观影

看电影是孩子最喜欢的活动。电影艺术演绎现实生活，美丑善恶通过电影艺术形式呈现，孩子从观影中学习辨别是非善恶。给小读者放映的电影有《上学路上》《三毛从军记》《大鱼海棠》《极速蜗牛》等。

2016 年是红军长征胜利 80 周年。为广泛开展爱国主义宣传教育，继承和弘扬"长征精神"，小荷读书会 9 月第一期以"先辈的旗帜"为主题，组织小朋友观看中央电视台播放的《2016 开学第一课》。

自己动手搭建乐高积木

活动当天，众多的小朋友及家长通过小荷成长空间多媒体大屏实时收看了《2016 开学第一课》。

《开学第一课》是教育部与中央电视台合作的大型公益节目。自 2008 年起，教育部就和中央电视台密切合作，于每年新学年开学之际推出《开学第一课》。这一节目针对中小学生的特点而设计，以他们喜欢的方式，使他们在潜移默化中受到陶冶，有利于增强教育的针对性。

8. 智慧魔方

爱玩是孩子的天性，让孩子从玩中学，学中玩。乐高等智力玩具可以让孩子锻炼动手能力，了解科学道理。暑假里，小荷读书会开展了乐高"小手搭世界"活动，小读者搭建旋转木马、不倒翁、飞机、坦克、汽车等，孩子在动手中学会了科学道理。

2016 年 9 月 17 日下午，正是中秋假日期间，为给小朋友增加中秋假日喜庆，西安图书馆小荷读书会举办乐高"小手搭世界"友谊赛。本期活动通过比赛的形式，让小朋友们动手动脑，了解科学原理，锻炼创新能力，达到了在玩中学、学中玩、寓教于乐的目的。

公共图书馆开展阅读推广活动，实际上是建立一个阅读推广的平台，在这个平台上，图书馆的文献资源和社会优质教育资源相结合，服务于小读者。首先，西安图书馆加强自身优势资源建设：装修了专门用于少儿活动的小荷成长空间，精心挑选儿童英语绘本图书、儿童汉语拼音绘本图书，设置电脑、打印机、数码投影机、播放机、音响等设备，还印刷了精美的纪念册《小荷成长印记》，让小读者和家长记录在西安图书馆的活动记录、读书记录、活动照片，加强了小读者和图书馆的联系。西安图书馆和社会教育机构、志愿者团体、幼儿园开展合作，引入他们的优质教育资源，为小读者服务。总之，开展少儿阅读推广活动，就是要以公共图书馆为服务阵地，建设阅读推广服务平台，吸收社会优质教育资源，做好未成年人阅读推广服务工作。

"星期六剧场"：
沈阳市图书馆志愿者服务

沈阳市图书馆

一、阅读推广的环境变量

1. 文化环境

党的十八大和习近平总书记系列重要讲话指出，要进一步健全和完善现代公共文化服务体系。"现代"意为文化管理和服务理念、方式、方法的创新、革新，即要从"办文化"向"管文化"转变，促使公共文化从"独乐乐"向"众乐乐"发展。阅读推广作为公共文化服务体系建设的重要一环，也要与时俱进。阅读推广也可以称为阅读促进，它是集合社会可利用的力量共同发展而来的一项系统工程。沈阳市图书馆作为沈阳市保存和传播知识的文化中心，它丰富的馆藏资源和开放的阅读环境为推广活动奠定了完美的基础，成为沈城全民阅读推广的主阵地之一。沈阳市图书馆应当充分利用自身优势和特点，充当好阅读推广的倡导者、组织者和实施者。

2. 受众环境

阅读推广是图书馆将读书推向社会的一种方式。联合国教科文组织于1949年颁布的《公共图书馆宣言》提到："公共图书馆不告诉人们应该思考什么，而是帮助人们决定自己思考什么。因此，必须将注意力置于下列重要活动，展览、书目、讨论会、讲演、课程、电影和个人阅读指导等。""必须激励阅读兴趣，不断通过精心策划的公共关系项目宣传推广图书馆服务。"因此，沈阳市图书馆应全面考虑到各种人群的阅读需求和阅读障碍，在面对不同读者的不同信息需求时，应当考虑结合更多的经验和方法来进行推广。图书馆阅读推广的最主要目的就是让更多的人群开始阅读，喜爱上阅读，利用各种渠道或方法获取知识和信息。

随着时代的发展，越来越多的人希望能拥有一个包含各种文化形态可以让他们自由穿行的场所，一个除了家和单位之外最想去的地方。为此，沈阳市委、市政府在公共文化设施布局上，为市民打造十五分钟公共文化服务圈，沈阳市图书馆为满足读者不断变化的文化需求，提升公共文化服务的能力，体现服务手段的多样性和创新性特点，在讲座、展览、培训等知名公益性文化品牌的基础上，致力于对第三文化空间的打造，通过对阅读推广渠道、平台、载体、内容等的整合、集聚、叠加、提升，打破图书馆传统服务模式，在图书馆的纸质及数字化服务的基础上，创建一个相对立体的服务项目，为沈城市民提供一个全方位展示和传播不同形式文化内容的共享平台，让过于寂静的图书馆服务"活"起来，以便吸引更多读者参与其中。在邀请专家多方论证的同时，也开展了广泛的读者问卷调查，最终于 2013 年 8 月，推出一项充满时代理念和人文关怀的服务项目——"星期六剧场"。

二、项目的创新实践

1. 组织内容丰富的阅读推广活动

丰富多彩的活动是阅读推广的载体，也体现了公共图书馆的相对优势。之所以"相对"，是因为随着市民素质的普遍提高，人们对于阅读活动多元化、多样性、多层次的要求也越来越高，以往大多由公共图书馆主办的"高大上"的阅读活动已不能完全适应当下的文化生态，必须更多、更好地依托社会各界的有益资源，开展适应性更强、更具人性化的活动，凸显便民、惠民和育民，促进人人参与阅读、创造阅读、共享阅读。"星期六剧场"项目不断深化公益性演出形式，演出内容涵盖小剧场话剧、相声、曲艺、器乐演奏、中国戏曲及名著改编剧目等。

首场演出登台亮相的文化志愿者是沈城相声界知名表演艺术家于琪和他的搭档老艺术家周智光。许多观众表示对于琪的相声很熟悉，那些耳熟能详的段子至今让人倍感亲切。现场两位艺术家妙语连珠、诙谐幽默的表演让现场笑声不断、掌声不断，场面十分热烈。

著名评剧表演家宋丽也作为志愿者在这个舞台上举办了评剧专场演出，得知宋丽要在图书馆开个人免费专场，戏迷情绪高涨，很多观众提前一周就到图书馆领票。演出现场，有几位戏迷甚至与她同台飙唱，气氛相当热烈。老评书艺术家刘兰芳、著名快板名家朱光斗先后以文化志愿者的身份来到"星期六剧场"为读者做公益演出，70 岁高龄的刘兰芳登台表演的评书小段《康熙买马》让现场观众大呼过瘾。艺术家对星期六剧场的热情，源于"星期六剧场"是纯粹的公益演出。"艺术惠民，公益呈现"，让越来越多的艺术家开始关注这个小小的舞台，他们纷纷来到图书馆为市民展现自己精湛的技艺，以志愿服务的方式传承中华民族艺术精华。

"星期六剧场"的演出除了有名家光临外，也是老百姓自己的舞台，众多的戏剧票友、在校大学生们也都相继在这里奉献精彩演出。2014 年 5 月沈阳师范大学学生志愿者团队演出了京剧《望江亭》《谢瑶环》《遇皇后》《打棍出箱》等剧目，当天票友与大学生们同

113

台演出，为了普及京剧知识、方便读者观赏，沈阳师范大学艺术学院副院长张威还就演出为现场观众进行了详细的讲解；10月东北大学志愿者们表演话剧《明天继续》《你好，疯子》《花心小丑》；辽宁大学及沈阳音乐学院等校的学生志愿者们还演出了校园剧《两只狗的屌丝生活》《You are not alone》《我的卓别林爸爸》《你好，打劫》《驴得水》《坐在巷口的那对男女》《给我一双手》《窗户上的尸体》等剧目。

　　2015年11月沈阳市图书馆"星期六剧场"志愿者演出团应邀赴深圳进行相声专场演出。志愿者们本着对艺术事业的坚持与执着，不远千里飞赴深圳，到达第二天一大早就起来演出，结束后又坐了36个小时的火车回沈，他们对这一切都无怨无悔，因为传承艺术是志愿者们的共同心愿。此次公益演出得到深圳各方关注，深圳罗湖区曲艺家协会和深圳市精品说唱艺术团为"星期六剧场"演出团送

星期六剧场活动现场

去一面锦旗，上面写着"笑口常开，友谊常在。"

2. 培养专职阅读推广人才

阅读推广工作不是一项简单的推广活动，在选择阅读推广人才的时候，要选择对活动的意义及运行过程有着较为深刻的理解、具备较强的专业知识理论、对阅读推广活动具备足够的热情的人才。"星期六剧场"公益演出是一个跨行业的服务项目，除了在推广形式和内容上要加大力度外，安排专员负责推广活动，招募文化志愿者并依靠社会资源共同完成服务工作。

首先，馆员成为志愿者。阅读推广的新形势对馆员提出了更高的职业素养要求，馆员要有专业的图书馆知识与技能，同时应具有创新理念与品牌服务意识，在服务读者的同时也应该是一名熟练的阅读者，公共图书馆馆员还需要成为阅读推广活动的志愿者。面对人员短缺的客观条件，馆员成为"星期六剧场"的首批志愿者。他们从场地布置入手规划报告厅微改方案，本着零成本的原则，通过对现有设备的升级改造完成活动的视听要求；为了节约开支，亲自动手搭台布景、进行灯光音响设备的调试，以保障演出的顺利按时进行；组织策划演出内容，招募导演、编剧以及志愿者，尽自己最大努力呈献出一个完美的艺术舞台。

其次，社会文艺志愿者的招募。筹备之初，"星期六剧场"即决定其运作模式完全采用志愿者工作制。通过媒体向社会广泛招募文艺志愿者，分别组建了"作家俱乐部""导演俱乐部"及"演职员俱乐部"，成员均由志同道合的文化志愿者（包括专业演员、文艺爱好者）组成，志愿者经过考核后进入储备库，活动组织者根据观众需要从储备库中选拔志愿者组织排练演出。许多知名艺术家如：刘兰芳、句号、朱光斗、于琪、宋丽、曾静、冯玉萍、王余昌、任丽蔚、朱晓红、于水元、杨振华等，都相继加入文化志愿者团队中来。除了名家光临外，更多的普通市民及高校大学生积极申请参与，如：辽宁大学、沈阳师范大学戏剧艺术学院、沈阳音乐学院的在校学生也纷纷前来注册报名。由于广大志愿者的积极参与，演出最终实现零票价艺术惠民，并且完成了艺术工作者与观众的无缝链接，创造了服务的良性循环。

2013 年 8 月 24 日迎来了沈阳市图书馆"星期六剧场"的首场演出。这一创新的阅读推广活动，为沈城打造出一个市民最想去的图书馆，实现了文化的全民均等服务。"星期六剧场"开办以来，已演出 152 场，场场爆满，受众达 5 万余人。

3. 采取多种宣传渠道推广

"星期六剧场"项目秉承无微不广、无微不至的服务理念，不断强化阅读推广无障碍、无缝化的服务体系，推动了读者与图书馆的互相融合、彼此渗透、共同发展的良好格局，受众上实现了不同年龄、不同身份的各类群体的全面覆盖。沈阳市图书馆的公益演出在沈城市民中引起了强烈反响，走进图书馆的人越来越多，如今市民中流传着这样一种说法："我不是在图书馆，就是在去'星期六剧场'的路上。"渐渐地前来观看演出的市民对阅读也产生浓厚了兴趣，很自然地成了图书馆的新读者。最初的"将观众转化为读者、将读者转化成观众"美好设想，终于通过精心搭建的"星期六剧场"这一平台得以实现。上级领导对沈阳市图书馆的创新服务也给予了肯定，三年间"星期六剧场"被文化部评为 2014 年"文化志愿服务推进年"系列活动示范项目，获辽宁省第十五届"群星奖"项目奖，被评为沈阳市艺术惠民"双百万"工程优秀品牌活动，被沈阳市总工会评为"沈阳工人先锋号"，获辽宁省公共图书馆优秀服务成果一等奖。图书馆的小剧场，不单是一道文化景观，也成为一个文化现象。这个文化现象，不仅吸引了省市媒体的目光，还引起央视的关注，

2014 年 1 月 18 日和 2015 年 1 月 18 日，中央电视台新闻联播节目连续两次报道"星期六剧场"的演出盛况，辽宁电视台、沈阳电视台以及《中国文化报》《辽宁日报》《沈阳日报》《辽沈晚报》《沈阳晚报》等媒体也多次大篇幅地报道了"星期六剧场"的惠民演出。

4. 制订计划确保活动稳运行

"星期六剧场"的诞生，靠的是创新、创意和创造，是对当下的社会特征、文化规律、阅读推广特点的准确把握，而该项目的常态长效运行和发展，则是靠"细微决定成败"的管理意识和手段。一是制度托底。沈阳市图书馆把阅读推广当作图书馆日常工作之一，制订科学的活动计划，不断谋求更为科学的推广机制，为推广活动打下坚实的基础。二是队伍保障。沈阳市图书馆致力于阅读推广志愿者的招募及培训，用品牌效应来扩大图书馆和阅读推广的影响力，培养一个专业性强大的推广团队来为广大读者服务。三是宣传造势。沈阳市图书馆积极借助重要时间节点活动和品牌文化工程，拓展和提升"星期六剧场"的影响力和辨识度。

5. 加强与读者的交流反馈

阅读推广活动的目的是为了让更多人了解到阅读的重要作用和意义，从而让更多的人喜爱上阅读。图书馆在开展相关的推广活动时，必须始终坚持"读者为中心"的原则，将读者的需求摆在第一位，从而有针对性地进行推广，否则活动的效果会大打折扣。沈阳市图书馆在开展"星期六剧场"活动的同时注重读者的需求，对读者反馈的问题和需求进行细致而全面的梳理，进行相关的评价和探讨，总结出经验和规律，对以后的阅读推广开展提供更完善的基础。

"星期六剧场"打破了公共图书馆固有的服务模式，这一创新，无论是对图书馆服务工作还是对图书馆的工作人员来说都是一个崭新的课题。未来公共图书馆无论从服务模式、工作形式、馆藏方式、空间设计、管理模式以及读者阅读形式上都会发生重大转变。在这个过程中，要紧跟时代的变化，根据读者日益变化的阅读需求，建立多元化的阅读推广活动平台，让阅读推广活动健康、稳步、持续和有效地开展下去。

16点课堂：
长春市图书馆助推儿童阅读成长

长春市图书馆

2017年3月，长春市政府在全市范围内推广"蓓蕾计划"，为小学生提供免费课后托管服务，该计划列入了2017年幸福长春行动计划。在此背景下，长春市图书馆启动了"小树苗"16点课堂建设项目，成为长春市自主开展"小学生课后免费托管服务"的第一家公共文化服务机构。截止到目前，已举办儿童文化、艺术、科技等各类活动150余场，受众1.2万人次。"书悦之声·小小朗读者""环球之旅美术课堂""少儿亲子礼仪课堂"等活动成效显著，受到了广泛好评。

以"小树苗"16点课堂为媒介，长春市图书馆先后组织小读者参加了多届由中国图书馆学会未成年人图书馆分会主办的"悦读经典放飞梦想"全国书法大赛，获得7金、11银、23铜的好成绩，长春市图书馆获得优秀组织奖。"书悦之声·小小朗读者"荣获"2017全民阅读优秀案例"二等奖。三名小读者分获"我听我读"全国少年儿童朗读大赛二等奖、三等奖和优秀奖，长春市图书馆被授予"有声阅读基地"。2017年11月，长春市图书馆被吉林省妇联、吉林省新闻出版广电局评为"书香润德"活动先进单位。"小树苗"16点课堂既是小学生校外教育的有益补充，也为孩子们的童年打开了一扇五彩斑斓的阅读世界的窗口。

"小树苗"16点课堂为公共图书馆青少年读者服务的创新发展提供了新的参考例证，其创新之处主要表现在以下几个方面：

119

一、"政府＋图书馆"，共同助推儿童阅读落地生根

在建设"小树苗"16点课堂过程中，长春市政府的《"蓓蕾计划"实施意见》为图书馆协调社会各方面资源提供了有力的制度保障。作为蓓蕾计划的成员单位，长春市图书馆积极参与，并结合图书馆的具体工作，制订了蓓蕾计划内容，与对接学校沟通联系，有针对性地送活动到学校。朝阳区教育局为配合"小树苗"16点课堂，由图书馆提议，加入了朝阳区"育人联盟"队伍，为16点课堂在区域范围内推广提供了强有力的支持。而社会组织的志愿参与则令每一个精心策划的内容落到实处。

从政府行为到各个社会组成部分群策群力，"小树苗"16课堂构建了一个以政府为主导，图书馆为主体，社会志愿者、家长孩子共同参与的多元化服务体系。即"政府＋图书馆"的参与模式，形成了相互促进、协同共生的良性发展态势，进一步激活了图书馆的服务方式，拓展了图书馆的服务空间，让儿童阅读落地生根。

二、针对学生的多元化需求，科学设计服务内容

为使"小树苗"16点课堂服务更有针对性，长春市图书馆先后走访了长春市各中小学校、长春市关工委、长春市朝阳区教育局等单位，多次召开家长座谈会，深入学校，了解学生的多元化需求。在此基础上，形成了"阵地＋校园"的服务模式。个性化的内容设置与便捷的服务方式，让图书馆来到孩子们身边，也使该项目在建立后迅速成为本区域内独一无二的特色文化服务品牌，"小树苗"16点课堂也因此被家长、老师称为孩子们放学后最佳的去处。"小树

苗"16点课堂的主要服务内容有：

1. 书悦之声·小小朗读者——少年儿童展示、突破自我的平台

"书悦之声·小小朗读者"是为热爱文学、热爱阅读的孩子们量身打造的阅读分享舞台。活动的主要目的是通过专业化的舞台设置，满足孩子们的"舞台梦"，激发孩子们的阅读书籍、展示自我的热情。同一主题下，诵读与分享并存，亲子共读（家长和孩子一起朗读）、馆员共读（长春市图书馆工作人员和孩子一起朗读）兼收的模式，很好地促进了"家庭阅读""全民阅读"良好习惯的养成。录制成辑优秀作品，还会通过"长图小树苗微信平台"进行推广，以树立孩子们的朗读自信心与自豪感，扩大"书悦之声·小小朗读者"的品牌影响力，增加品牌的关注度和参与度。

2. 少儿国学公益课堂——公益却不廉价，来到、学到、做到

根据《实施中华优秀传统文化传承发展工程的意见》的指导思想，"小树苗"16点课堂特别开设了"少儿国学公益课堂"，邀请有多年讲授国学经验的专职老师，对《论语》《孝悌三百千》《弟子规》等中华优秀传统文化内容进行讲解。在常规课程之外，通过中华德育动漫、排演国学话剧等方式来激发孩子们对中华优秀传统文化的兴趣；通过建立微信诵读群，督促孩子们的学习与检验课堂效果。公益课堂虽然是免费性质的，但长春市图书馆仍期望来到这里的孩子们能够学到真正的中华优秀传统文化，并将其融入自己的血脉与精神中。

3. 少儿礼仪亲子课堂——提升父母涵养，成就儿童未来

礼仪是一种道德行为规范，是道德修养的外在表现形式。少年儿童正处于个性及品性形成发展的关键期，他们的世界观、道

16 点课堂：举办书悦之声·小小朗读者——中国小学生与外国留学生一起共读世界名著

16 点课堂：亲子公益活动走基层——为幼儿园孩子们开展"会唱歌的涂色书"活动

小树苗亲子手工坊利用 16 点课堂举办机器人设计制作

16 点课堂：开展的英文原著导读——活动现场进行 PK 大赛

德观、礼仪观尚未成形，具有极强的可塑性。因此，"小树苗" 16 点课堂推出了"儿童礼仪亲子课堂"系列活动，从开展礼仪教育入手，导入礼仪规范。通过规范孩子们在家庭、学校和社会的行为习惯，培养孩子的同理心、自尊心、友爱心、恭敬心，用礼仪浸润儿童的思想，培养良好的道德品质，从而使他们做到思想美、语言美、行为美。

4. 英文原著导读——创新创意，让英文原著阅读触手可及

英文原著导读活动，配合专业教师的选书、导读、课后提问与讨论，帮助孩子们更好地践行了"带着目的去阅读"的学习观念。掌握阅读英文原著的方法，则能令孩子们产生进一步探索的兴趣和信心。活动通过乐趣表演、互动卡牌游戏、角色代入等环节，让小朋友们充分感受到了阅读英文原著的魅力与乐趣，同时增加了语言表达的能力与自信，有助于儿童良好学习习惯的养成。

5. "小树苗"图书角——图书进班级，自主选书快乐多

"小树苗"图书角是长春市图书馆与长春市各中小学校联合打造的馆外 16 点课堂。图书馆为各图书角无偿提供可随时调换的图书，由各图书角负责管理图书流通、组织学生阅读及开展阅读活动。其最大的突破在于：双方组织学生或学生代表到长春市图书馆或指定书店亲自挑选图书的方式，能够让孩子们自主、自由选书，摆脱"必读书目"的禁锢，从而充分调动阅读积极性，满足不同的阅读需求，让孩子们充分享受阅读的乐趣，获取最大的收益。

6. 快乐自修室——最适合孩子们的课后学习、阅读空间

"快乐自修室"通过将各个阅览室全部开放，为到馆小读者提供文献借阅、阅览自修、阅读指导、课业辅导等服务。其优势在于：

一是长春市图书馆少年儿童阅览区与成人阅览区分开建设，建筑面积 1000 余平方米，各类藏书 10 万余册，设有单独的出入口，能够为中小学生提供宁静优雅、书香浓郁、轻松愉快的阅读与自修环境；二是长春市图书馆配备了具有本科及以上学历的优秀馆员 13 名，为孩子们提供专业的中、英文课业辅导及阅读指导，帮助孩子培养利用图书和图书馆获取文化科学知识的习惯和能力。

7. 亲子公益活动走基层——创新惠民公益活动方式，文化服务走出去

活动围绕深入宣传贯彻习近平新时代中国特色社会主义思想和党的十九大精神，推进社会主义文化强国建设，弘扬中华优秀传统文化，培养和践行社会主义核心价值观，创新惠民公益活动方法和手段，通过文化服务走出去，扎实推动新时代少年儿童阅读工作的科学发展。2018 年，青少部以"小树苗"亲子阅读系列活动品牌为依托，以"亲子公益活动走基层"为主题，聚焦青少年阅读和生命成长，推出了文化菜单选项，学校、家长按需选择，实现了由"单一供给"到"多元交互供给"的突破，个性化的儿童文化服务，能够有针对性地满足少年儿童及家长的文化需求。

三、突破传统形式，着力培育创新思维和动手能力

天马行空的创意是儿童成长过程中弥足珍贵的财富。在设计活动内容的过程中，长春市图书馆希望利用 16 点课堂创造出开放的学习空间，以生活成长中的具体问题解放儿童好奇的天性，引导他们不断发挥潜能，促进儿童创造思维的形成。具体表现在：

1. 以实践体验为手段，培育创新思维

16点课堂开设以来，在开展体验式教学方面做出过许多尝试：

第一，利用课余时间带领小读者走进新华印刷厂，体验一本书的诞生过程，培养与书籍的感情；带领小读者参观馆配中心，通过专业人员详细介绍一本图书是怎样从印刷厂到馆配中心，又是怎样从馆配中心到图书馆的过程，增加其知识储备，使其累积对书籍的感情和社会实践的经历。

第二，鼓励孩子观察世界，开展少儿创意学写作。侧重培养学生们的思维能力、想象能力和创造能力。这些体验课，打破了传统的讲座和培训形式，不再是单一地讲国学、讲作文，而是通过活动使孩子们的思维得到拓展、认知能力得到提高，为培养创新思维打下良好的基础。

第三，以"传承红色基因，做时代新人"为主题，开展"走红色之路"社会实践活动。不忘历史才能开辟未来，善于继承才能善于创新。通过参观伪满皇宫博物院、南大营等爱国主义教育基地，加强党史国史教育，令少年儿童知荣辱，树新风，做新时代好少年。

2. 以动手动脑为中心，激活创造能力

"小树苗"16点课堂开设的机器人搭建、陶艺制作、创意美术课等活动形式灵活、生动有趣，以寓教于乐取胜，备受家长和小朋友们青睐。全年举办活动均在50场以上，小读者的创意作品超过2000余件。在孩子们创作的作品中，可以看到丰富的想象力和非凡的创造力，他们用童稚之手创造出的手工作品极具创意。

3. 以自我展示为途径，培养充分自信

除了帮助孩子在体验与实践的过程中不断感知自我，"小树

苗"16点课堂还为小读者量身打造了能够展示自我的舞台。一是开展"书悦之声·小小朗读者"活动，带领小小朗读者走进录音棚，接受专业老师的指导，实现录音梦想。同时，积极与网络电台、广播电台、杂志社合作，举办"寻找小主播"及"我们都是诵读者"活动，为小朋友们提供更宽广的舞台。二是开展即兴口语训练，从科学发声开始，提升少年儿童的语言表达的感染力。帮助参与活动的小读者们打开形象思维的窗口，学会用洪亮的声音，优美的音色，富有节奏和感染力的语言真实、自然地表达自我。三是通过"长图小树苗微信平台"将优秀的朗读作品录制成辑，进行推广，以树立孩子们的自信心与自豪感。

四、挖掘社会力量优势，提升活动品质

1. 联合教育机构，加强专业合作

"小树苗"16点课堂自建立起就十分重视鼓励、引导社会力量的参与。加强与其他社会组织、机构之间的合作，已经成为16点课堂拓展服务渠道、延伸服务范围的重要方式。通过各方面努力，16点课堂与长春市多家具备专业资质的社会教育机构达成了长期合作，为参与活动的小读者提供少儿美术、机器人搭建、口语表达、绘本讲述等多个方面的辅导，丰富了活动内容，激发了儿童参与的积极性。

2. 鼓励民间参与，促进志愿服务

在加强与专业的社会教育机构合作的同时，16点课堂还成功聚集了一大批优秀的志愿者，他们已经成为长春市图书馆公共文化服务力量的有益补充。来自各大高校的青年志愿者们将所知所学应用

于实践，实现了在个人价值与社会价值上的双赢。一群生活中爱讲故事的妈妈，走进图书馆和学校，为孩子们讲述绘声绘色的故事。这些志愿服务团体的志愿者们及故事妈妈等热心读者的力量，让16点课堂在具备专业性的同时更接地气。

五、完善项目建设，培养专业服务团队

在人才构成上，为少年儿童服务的馆员，平均年龄较低，队伍年轻化，易于接受新事物、新思想，能够拉近与小朋友之间的距离，从整体上营造了活泼向上的服务氛围。

在人员招聘上，为了增强服务的针对性，长春市图书馆特别聘用了具备幼儿教育背景的专业人员从事青少年读者服务，使各项活动开展更具科学性和专业性。

在岗位分工上，长春市图书馆注重发挥馆员的专业特长，从活动的整体策划到具体实施，具备不同专长的馆员在不同岗位上发挥着自己的专业优势，有效提高了活动的质量和团队的凝聚力。

综上所述，"小树苗"16点课堂以满足社会实际需求为出发点，以图书馆优势资源为依托，以创新为规划原则，从全新的角度去开发青少年的动手动脑和创新的能力，突破了传统课后托管服务的局限，顺应了公共图书馆青少年读者服务的发展趋势，使公共图书馆能够在青少年素质培养、成长发展的过程中充分发挥作用，有力推动了公共图书馆在青少年读者服务领域的转型和发展。

创新发展
与探索

让服务触手可及：
深圳图书馆"图书馆之城"移动服务

深圳图书馆

《"十三五"时期全国公共图书馆事业发展规划》提出构建面向移动终端、贯通线上线下的服务模式，为社会公众提供基于全媒体的资源与服务。近年来，深圳图书馆联合深圳地区各类型图书馆秉承"开放、协作、快捷、分享"理念，持续开展新技术研究与应用，创新"图书馆之城"移动服务项目。

131

一、"图书馆之城"移动服务项目简介

项目以"图书馆之城"开放 API 为技术基础，研制移动版"图书馆之城"统一技术方案，结合主流社交媒体平台特征进行定制开发，实现移动版网站、支付宝城市服务平台、微信城市服务平台、微信公众号平台等与图书馆网站实时联动，全方位、多渠道为市民提供丰富的文献资源与便捷的移动图书馆服务。主要功能包括基于定位系统的查找附近图书馆、二维码读者证应用、新书直通车、快递到家、馆藏查询与文献预借转借、移动阅读、移动支付等。

"图书馆之城"移动服务项目主要特色包括：（1）七大平台构建"图书馆之城"统一移动服务，支持用户多渠道访问；（2）全国首

创扫码登录模式，全市 240 台自助图书馆及主要区级图书馆均可使用；（3）覆盖面广，面向全市读者服务；（4）实时发布图书馆服务大数据等动态信息；（5）移动支付方式灵活，提供微信、支付宝扫码付与现场当面付；（6）统一认证，使用便捷。"图书馆之城"用户只需登录微信／支付宝平台一次，再次进入无需输入读者证号密码，直接进入"我的图书馆"功能体系，使用二维码读者证及各项功能。

因服务持续创新，项目荣获第八届深圳网络文化奖——"年度公共服务奖"三等奖、深圳市文体旅游局年度创新奖、中国图书馆学会"中国图书馆最美故事"系列风采展示活动之优秀服务奖。

二、"图书馆之城"移动服务创新实践

经过近七年的探索与创新实践，深圳"图书馆之城"移动服务取得良好的社会反响，也积累了一系列值得推广的经验，多项理论与技术在行业领先。

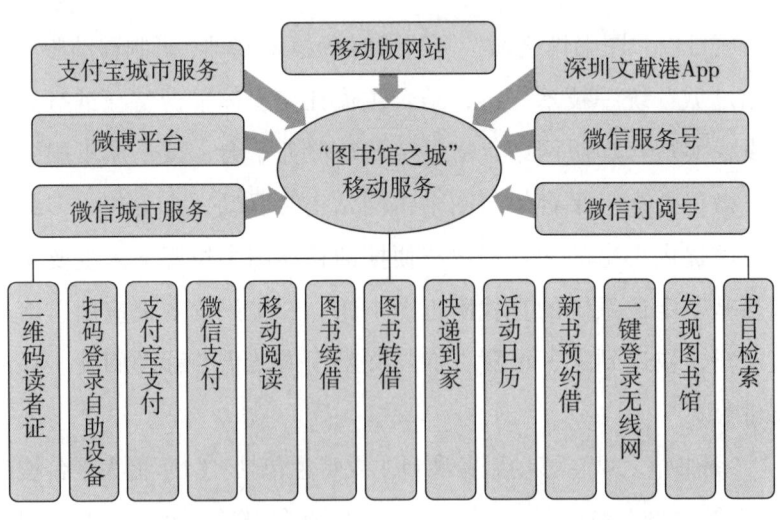

1. 主要业务流程全覆盖

作为"图书馆之城"的中心馆与龙头馆，深圳图书馆不断创新、拓展移动服务内容，将图书馆的各项业务逐步"移动终端化"，分阶段实现主要业务全覆盖。以初始阶段的馆藏检索、通知公告、个人图书馆信息查询、图书续借等基本业务为基础，持续进行功能开发与服务提升，为市民提供发现附近图书馆、活动日历、移动端预借、图书快递到家、文献转借分享、新书预约借、移动支付与手机阅读等全新功能。

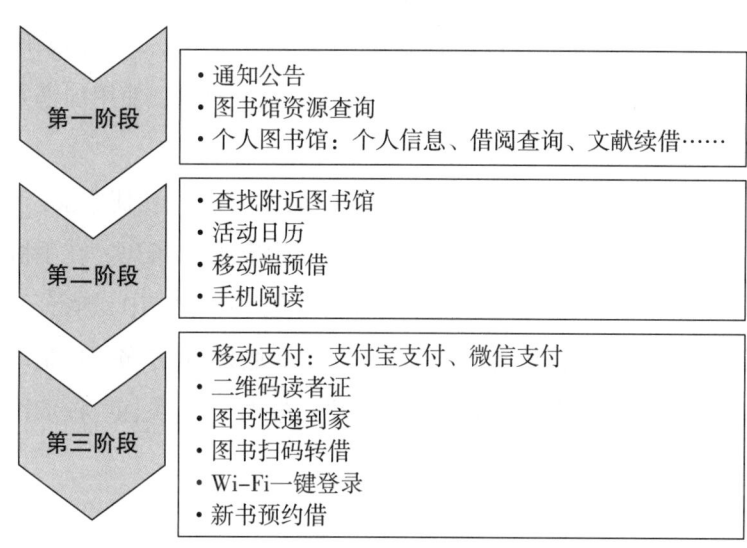

市民通过移动终端可以查找身边最近的图书馆，根据日期浏览图书馆举办的讲座、活动、展览、艺苑等丰富的活动资讯。可以在移动端移动支付管理财经事务，可以免费阅读类型丰富的数字资源，可以办理图书馆各项业务等，享受一站式便捷服务。以新书直通车为例，用户在线即可提交新书预约请求，可预约新书包括由专业馆员精心挑选的大牌出版社经典品牌图书，比如企鹅、理想国、读库等，预约请求提交后最短 3 天用户就可以通过快递到家或城市街区自助图书馆服务点自取方式拿到新书，享受便捷的"私人订制"服务；图书到期前用户可以直接在移动端一键续借或以扫码方式分享转借给亲朋好友，共享阅读之乐；用户更可在纳入"图书馆之城"统一服务平台的任何市、区、街道、社区图书馆就近还书，而无需舟车劳顿。轻松借、轻松读，"图书馆之城"移动服务让阅读触手可及。

2. 全面应用二维码

根据用户使用习惯，深圳图书馆开发直接以"扫一扫"功能为基础的图书馆创新服务，大幅度降低读者的接受门槛和使用难度，将图书馆各项服务更直接、简单地推送到读者面前。二维码采用服务器端动态生成、设置时效、客户端定时刷新机制，使用加密方式存储，最大限度保证信息安全。

二维码在图书馆之城的主要应用包括：（1）扫码快捷登录：市民读者选择自助设备上相应服务项目后，扫描屏幕二维码，在手机端确认登录，即可快速登录自助借还系统，无需使用 RFID 读者证和输入密码。（2）二维码读者证：代替实体卡办理读者证事务、申请电子阅览室电脑机位与打印资料等。（3）微信连 Wi-Fi：关注"深圳图书

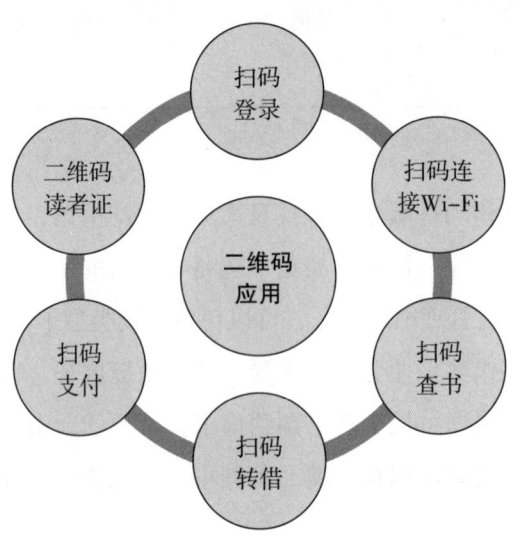

馆 | 图书馆之城"微信公众号绑定读者证号，即可一键访问 Wi-Fi。（4）扫码支付：支持读者使用支付宝或微信扫码方式支付读者证押金、图书滞还费、存预付款等费用。（5）扫 ISBN 号查书：读者通过手机的"扫一扫"功能，扫描图书条形码，轻松获取馆藏信息，并可选择预借、快递到家等服务。（6）扫码转借：基于分享阅读的理念，

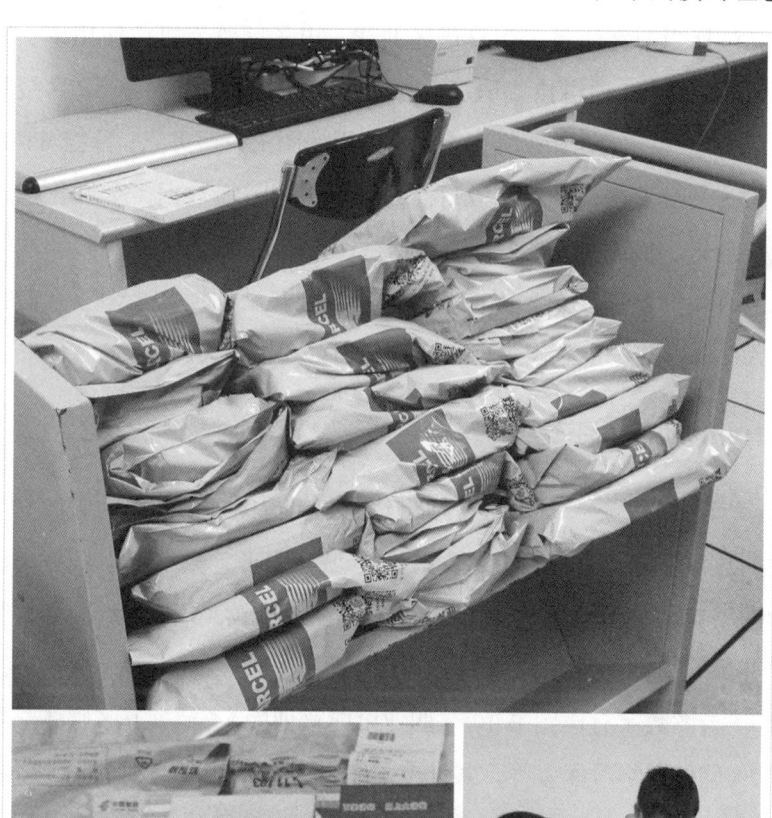

快递到家

借助"扫一扫"功能，鼓励读者之间进行图书借阅，传递阅读乐趣。

3. 智能化与个性化服务

"图书馆之城"移动服务项目基于创新理念与新技术的应用，为市民读者提供智能化、个性化服务。比如实时发布图书馆服务大数据，包括当前客流量、当日借还曲线、电子阅览室机位使用率、图书借还数量等；通过位置识别，智能推送附近图书馆，含市/区级图书馆、分馆、自助图书馆等各类可利用的图书馆服务点；智能 Wi-Fi 接入，一键上网；结合收集归档的用户使用习惯数据，个性化推送通知公告、借阅到期提醒、活动消息及各项新服务；支持移动端智能实时咨询服务，无客服在线状态系统会自动切换为小图丁智能机器人服务模式，全天候为用户回答图书馆利用相关问题。

4. 移动在线阅读

"图书馆之城"移动服务项目致力于为市民提供便捷的服务与优质的数字资源。市民可以通过支付宝城市服务、微信城市服务、深圳图书馆微信公众平台等多渠道免费在线阅读 16 种类型丰富的数字资源库，包括《龙源微刊》《书香深圳电子图书》《天天微学习视频》《云图数字有声图书馆》《职业全能培训库》《新东方多媒体学习库》《软件通学习库》等，共计电子图书 58 000 余种，期刊 4144 种，报纸 200 余种，有声读物 37 000 余种，音视频资源 76 596 个及试题 161 000 余套。

5.OTO 线上线下联动营销

随着移动互联网与新媒体的流行，用户的阅读需求与行为偏好发生很大的变化。"图书馆之城"移动服务着力于在推广内容、推广方式等方面更深层次关注用户需求，以线上线下联动方式增

新书直通车

强用户参与度，提升用户体验。在传统媒体营销基础上，深化新媒体应用，结合各种线上平台开展多层次互动营销项目，包括利用微平台征集阅读蒲公英大使、线下采访读者，制作微访谈项目；发布"最爱你的我"年度图书馆之城阅读账单和"我的阅读时光"读者个人阅读账单，个人阅读账单帮助梳理读者阅读足迹，盘点个人阅读情况并对阅读风格进行标签；开展"图书馆之城"知识服务大闯关、音乐在线答题、21天亲子阅读挑战赛、给孩子读诗等类型丰富的互动活动，加强用户黏性，有效提升移动服务平台吸引力与影响力。

6. "图书馆 +" 合作模式

在"互联网 +"图书馆的整体规划下,"图书馆之城"移动服务项目积极主动与互联网企业或机构加强合作,将图书馆业务运用互联网思维,进行功能梳理和流程再造,创新图书馆服务模式。

加强与主流移动互联网平台合作,延伸用户群广度。深圳图书馆先后与蚂蚁金服、腾讯公司达成合作意向,将"图书馆之城"线上业务整体接入支付宝城市服务、微信城市服务栏目,并领先行业开通支付宝支付与微信支付功能。2017 年深圳图书馆在微信订阅号基础上,新开通微信服务号,开发"图书馆之城"服务大厅,为市民提供更加便捷的移动服务。

加强与社会机构合作,推广移动阅读。2017 年深圳图书馆与港铁轨道交通(深圳)有限公司合作推出面向地铁乘客的公益性阅读推广项目"M 地铁·图书馆",将精选的电子图书二维码推送至乘客身边,乘客在地铁 4 号线候车、乘车时,可通过手机扫描二维码免费阅览电子图书,契合当前新媒体阅读的社会化需求,提供大众阅读新体验,营造书香空间。2018 年深圳图书馆与腾讯公司签署战略合作协议,双方凭借各自领域行业优势、文化平台、科技能力,在多个文化场景进行先导式、示范性"互联网 +"文化试点合作,包括探索资源互动共融、建立图书馆信用服务体系、人脸识别、移动图书馆服务等,实现 QQ 阅读和图书馆数字阅读相互关联、丰富移动阅读资源,推广全民阅读。

7. 泛团队运营管理

优质、高效、便捷的移动服务,离不开专业团队的支撑。随着"图书馆之城"移动服务的延伸与发展,团队管理持续优化,目前已经形成编辑运营团队、内容提供团队和技术支持团队三位一体的泛团队管理模式。编辑运营团队专职负责移动平台的日常运营维护和信息发布；内容提供团队由全馆各业务部门骨干员工组成，包括读者服务部、阅读推广部、参考部、数字图书馆部、书刊借阅部、采编部、办公室等业务部门，负责栏目与内容策划、提供内容素材等；技术支持团队负责移动平台的技术开发与维护，以及统计数据的分析和利用等。

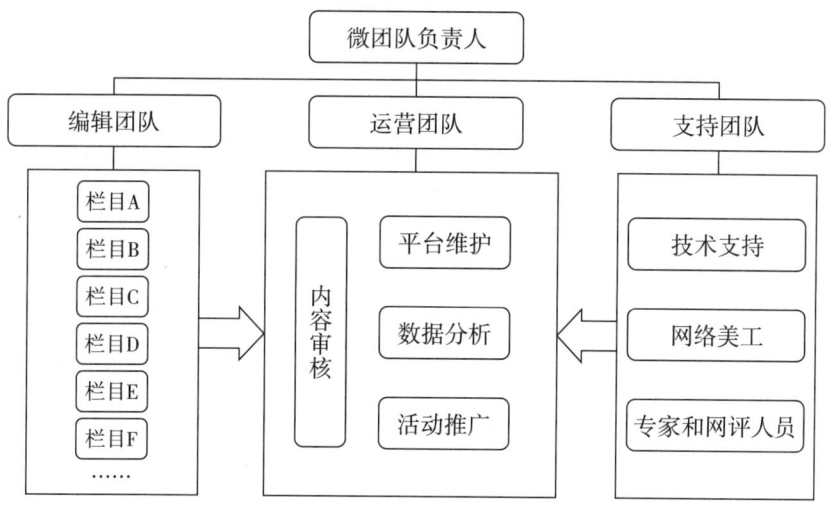

139

泛团队运营管理模式有效整合人力资源，充分发挥集体智慧，在内容优化、快速灵敏反应等方面具有较大优势，确保移动服务优质高效。

三、项目社会效益与影响

"图书馆之城"移动服务项目从平台、服务和管理全方位出发，依托优质平台、整合资源、创新服务，形成了多平台、优服务、强管理的图书馆未来生态发展链。作为国内领先项目，"图书馆之城"移动服务自推出以来得到了广大市民、媒体机构与业界同行的瞩目，

《南方日报》《羊城晚报》《深圳特区报》《晶报》《深圳晚报》、深圳新闻网、特网等媒体对"图书馆之城"移动服务项目报道 30 余次，其方便快捷的服务模式更是为市民所称赞。

"图书馆之城"移动服务推出以来，使用率一路攀升。2017 年移动服务平台访问量 227.9 万人次，浏览量 1165.6 万次，同比增加 4 倍，已超过 PC 端网站访问量。新开通的各服务项目也深受读者欢迎，2017 年服务宣传周期间"预借图书　快递到家"和"文献转借"服务正式上线，开通服务一年以来，"预借图书　快递到家"共服务读者 8711 人次，快递到家图书 18 321 册次，有效满足用户个性化需求，打通图书馆和读者之间"最后一公里"；"文献转借"服务共服务读者 28 813 人次，转借图书 75 796 册次，读者轻松便利实现分享阅读乐趣。2017 年 11 月 27 日"新书直通车——你选我送、先阅为快"服务上线，开通服务半年以来，共服务读者 3689 人次，外借图书 14 513 册次。微信支付自 2017 年 7 月开通至年底，共为 6.52 万读者完成财经结算支付，支付宝 2017 年全年共为 9.32 万读者完成财经结算支付。

移动服务平台统计数据（2017 年）	
移动版网站访问量	528 763
移动支付次数	158 368
支付宝城市服务浏览量	3 015 203
支付宝城市服务浏览人次	540 092
微博粉丝数	150 736
微信阅读人次	1 990 716
微信平台访问量	1 210 538
微信订阅用户	254 205
微信图文阅读量	3 101 696
微信图文分享转发量	173 858

"图书馆之城"移动服务在满足读者使用习惯的同时，极大地创新了图书馆服务模式，形成了市民满意与图书馆发展的良性循环，促进了公共文化服务的均等化，具有示范与推广效应。正是秉承"开放、协作、快捷、分享"的建设理念，"图书馆之城"移动服务才具有如此强大的生命力和创新力。未来"图书馆之城"移动服务将持续创新，创造更加高效、便捷的公共图书馆服务。

阅创空间:
成都图书馆知识服务助力大众创新创业

成都图书馆

随着创客运动的兴起,创客空间(Maker Space)应运而生。创客空间,其本质注重分享与合作,是一个能够聚集不同学科、不同领域拥有共同兴趣的人们一起实现创造的现实场所。而成都图书馆作为公益性的知识服务机构,拥有作为智慧个体的专业馆员和用户与开放的知识氛围以及场地、设备,能够契合创客空间创造、分享、合作的精神内核。

142

一、成都图书馆阅创空间建设背景

1. 成都市积极营造"双创"氛围

2015 年 2 月,成都市继"创业中国中关村引领工程"之后,在西部率先启动实施"创业天府"行动计划,并推出"创业天府·菁蓉汇"品牌活动,致力于把成都建成全国领先、国际知名的创业之城、创新之都。2016 年发布《关于加快建设成都国家自主创新示范区的实施意见(2016—2025 年)》,提出将成都国家自主创新示范区西部地区创业发展最为活跃、创新生态最为优越、产业发展最具活力、体制机制持续优化的创新高地,全面建成国际创新创业中心。

2. 公共图书馆努力推动创客服务

美国是公共图书馆较早构建创客空间服务实践活动的国家。较为成功的案例是美国 Westport 图书馆的创客空间于 2012 年正式开放给公众使用，指导人们发明和创造。这是公众利用图书馆的一个新尝试，是图书馆一项新的服务模式。

在我国，上海图书馆以"激活创意、知识交流"为主题概念的"创·新空间"于 2013 年 5 月正式启用，开创了我国图书馆开展此类创客空间服务的先河。

在此背景下，构建成都图书馆阅创空间，成为成都图书馆面向社会大众具有创新意义的服务形式。成都图书馆阅创空间将助力成都图书馆的创新转型。

二、成都图书馆阅创空间的运作方式

1. 成都图书馆阅创空间的定位

图书馆创客空间建设应因地制宜，利用图书馆现有的特色资源、发挥图书馆的专业优势，避免与其他创客空间的同质化竞争。图书馆的优势即在于海量的信息资源，以及擅长分析捕捉信息的图书馆员。因此，成都图书馆将阅创空间定位成为创客提供创新、创造的文献信息支撑平台。

2. 成都图书馆阅创空间的服务对象

成都图书馆阅创服务的对象是所有的社会大众。成都图书馆理解的创客不应该只是想创业的人，而应该是任何一个有想法、有创意的人，即万众皆创客。

3. 成都图书馆阅创空间的核心理念

成都图书馆阅创空间是全市创业平台、机构、团队、个人的知识信息总智库，阅创空间集合创意想法、信息检索、竞争性情报提供、图书馆员、创业团队或个人、信息发布交流整合于一体，是既包含实体空间，又包含虚拟网上空间的大型创意平台和创客信息交流平台。以信息资源智库、优秀的图书馆员和全开放的创客服务理念为核心竞争力，整合创客的各类需求，提供各类型的创客服务活动。

三、成都图书馆阅创空间取得成果

自 2015 年 6 月建成以来，经过三年的实践，成都图书馆阅创空间取得了以下成果：

1. 实体空间精心建设

阅创空间实体空间位于成都图书馆内，能够快速便捷地为创客提供各类书籍及文献资料，意在依托图书馆优势资源激发创客灵感，并实现创造性转化。

实体空间利用成都图书馆阅创空间的无线网络，创客们还能使用成都图书馆的海量数字资源。依托实体空间，成都图书馆阅创空间积极招募创客团队。根据阅创空间招募入驻团队的规则与流程，目前已有 9 支创客团队通过创客项目评审会正式入驻阅创空间。阅创空间服务团队由成都图书馆专业学科馆员组成，结合图书馆的各类资源优势，积极为入驻创客团队提供嵌入式知识服务，主动提供科技查新、竞争性情报等信息咨询服务，并将入驻创客团队自身的优势与成都图书馆的馆藏资源结合，打造出各具特色的品牌。

自入驻以来，在阅创空间的帮助和指导下，创客团队发展呈良好态势，孵化成效突出。

2. 虚拟空间完成打造

阅创空间虚拟孵化器是全国公共图书馆中首家打造的创客空间虚拟孵化平台，是成都图书馆阅创空间项目的虚拟空间。

阅创空间虚拟孵化器于 2016 年 5 月正式上线。截至 2017 年 12 月，平台注册用户已超过 4000 人，平台注册团队、项目达到 31 个，分为电子商务、社交游戏、影视媒体、智慧办公等 7 大类。

3. 品牌活动精彩纷呈

阅创空间依托成都图书馆实体空间为阵地，推出多种系列品牌活动，2015 年至今共开展各类品牌活动近 500 场。

（1）"创客散打"作为阅创空间的品牌活动之一，面向全成都市民，普及创新创业方面的知识。至今已开展 24 场活动，邀请到成都创新创业界的优秀导师与市民分享交流。阅创空间通过打造"创客散打"公益讲座平台，力争引领成都市创客公益活动的方向。

（2）阅创空间入驻团队"乐学乐创机器人"定期推出公益"创客机器人"活动。并举办针对青少年的大型创客主题活动数次，活动集综合性、开放性、多样性和互动性为一体，倡导一种全新的亲子创新互动。

（3）力剧场已陆续在阅创空间开展原创戏剧类活动 10 场，演出的剧目都深受广大市民的喜爱，市民对主创人员表示他们的作品充满正能量，能引发人们的深思和共鸣。

（4）成都麋鹿科技有限公司在入驻阅创空间之后，开设"麋鹿青年成长计划"系列活动，邀请专业人士为特邀嘉宾，帮助青年人寻找问题的解决办法。至今共举办了 4 次活动，主题涉及心理疏导、个人理财及人生规划。

（5）灵慧文化传播有限公司入驻阅创空间以后，通过线上线下的方式推广青少年阅读，共举办300多场阅读推广活动。在举行活动的同时，也培养了相当数量的阅读推广人，为推动全民阅读贡献了自己的力量。

（6）"文脉in成都"是阅创空间新推出的品牌活动。市民朋友通过提交一段有关成都的声音即可到成都图书馆参与活动。并可在录音棚现场将自己和成都的故事录制成声音作品作为珍藏。

通过举办此类活动，成都图书馆为广大市民提供了更多公共文化服务的选择，扩大了公共图书馆的公众影响力，产生了一定的社会效益，也为阅创空间的入驻创客团队提供了更大的展示平台。

4. 宣传推广途径多样化

通过传统平面媒体与新媒体结合的方式宣传和推广阅创空间。自阅创空间成功搭建以来，《中国文化报》《四川日报》《成都日报》刊登了"阅创空间"相关报道，并获得了光明网、新华网、四川新闻网、成都全搜索等网络媒体的关注与转发。同时，成都图书馆积极探索利用新媒体进行阅创空间的宣传。在通过成都图书馆官方微博、微信公众号发布信息的基础上，打造阅创空间微信公众号，普及创新创业知识，为阅创空间入驻团队的宣传推广起到良好的作用。

四、成都图书馆阅创空间入驻团队介绍

1. 阅创空间·半核桃

阅创空间·成都半核桃文化传播有限公司集宣传、营销、策划、

阅创·力剧场《那一件疯狂的小事叫旅行》

咨询为一体，成功服务于第三届和第四届成都创意设计周、绿地 468 文创中心、爱奇艺 MCN 四川内容孵化中心等文创品牌，并先后为微软（中国）成都分公司、北京专易知识产权有限公司东京海外站提供宣传推广方案。在成都图书馆的指导和孵化下，公司创始人逐渐成长，并有幸作为《四川青年创业者访谈录》全省 20 位受访者之一被收录。

2. 阅创空间·曹力艺术工作室

力剧场是由成都青年导演曹力创立的戏剧文化创意团体。以近景话剧、创意话剧为独特方式，是中国目前唯一继承波兰剧场大师耶日·格洛托夫斯基"质朴戏剧"理念的剧团，使观众置身于整个演出活动中，更让表演本身成为主体，去掉不必要的道具、音乐，着重突出戏剧的表现力和作品的思想，力剧场的诸多作品体现出简洁、当代的艺术性，被业内人士誉为戏剧界的"无印良品"，并创造出小众市场的票房佳绩。

"力剧场演员孵化工作坊"是针对白领等非职业表演爱好者的艺术孵化项目。通过4周的孵化训练和表演创作，从最初的表演技巧到戏剧创作，融入个人特点和艺术创意，最终形成戏剧作品并个人参与一次戏剧演出。

力剧场原创作品包括：《我不是橡皮人》《纯文艺旅行》《愿你在平淡的日子里，不忘美好》《治愈系的莎士比亚》《献给孩子的莎士比亚》《一个带家具出租的房间》《再不说，就真的来不及了》《小王子当代版》。

此外，力剧场还打造国内首个青年戏剧独立杂志《青年戏剧阅读》。

3. 阅创空间·乐学乐创机器人教育

乐学乐创是一家专业孵化小创客的机器人公司，该团队以乐高机器人、Arduino 和机械手为载体，与小创客们一起将他们的创意进行初步的雏形实现；团队从众多的创意中筛选出一些进行专利申请、参加国际国内机器人赛事。此外，该公司还拥有传感器和工业机器人研发团队，这些团队将与小创客一起实现其原型样机研发，最后推向市场。

4. 阅创空间·成都麋鹿科技有限公司

成都麋鹿科技有限公司成立于 2016 年 5 月 9 日，作为一家新兴的创业公司，他们希望于通过书籍、阅读和文化交流，为青年人创造自我提供思想和方法。该团队采取"互联网 + 文化"的形式，将从"出版、培训、咨询"三个环节着手，打造立足成都、辐射西南、影响全国的青年知识服务平台。

在业务发展方向上，该团队与西南财经大学出版社深度合作，建立并运营"今日管理"经管出版品牌，建立图书预售平台，为青年读者提供精品阅读服务。为了更好地为青年人提供知识服务，推出了"麋鹿小课"小班课程，邀请电子科技大学、西南财经大学等高校博士生导师以及行业精英为大家授课。

在"大众创业，万众创新"的背景下，"麋鹿科技"成立了"壹元"创业研究会社群组织，研究会分为学术组和实践组，目前已经实现会员超过30人，学术组95%以上具有研究生以上学历，实践组为30岁以下，创业三年以内的创业者。

5. 阅创空间·灵慧读书会

灵慧亲子读书会，致力于阅读推广人才培养、亲子社群经营、读书会产品研发和推广，着力于打造中国亲子读书会第一品牌，被喻为"中国民间读书会孵化器"，现有各类线上线下读书会广泛开展。

特色一：中国导读师认证培训。灵慧导读师认证课程，从台湾引入优质师资，已培养了120余位"火种"导读师，职业遍及外企高管、小学校长、医生、律师等。定向培养希望小学的教师，由灵慧认证导读师讲授。定向培养6—12岁儿童，成为小小导读员，由台湾老师亲授。

特色二：线下儿童及成人读书会。成人读书会内容涉及职场、心理、生活美学、亲子教育、两性关系等，合作伙伴包括妇联、工会、团委、残联等，受到一致好评。儿童读书会取材世界经典绘本，内容涉及情绪管理、行为习惯、爱与生活等，合作伙伴包括图书馆、学校、街道等。

特色三：线上灵慧会员微课堂。通过微信微课方式，讲授亲子阅读等课程，促进家长共孩子阅读的氛围和技巧。

6. 阅创空间·四川蹊径网络科技有限公司

四川蹊径网络科技有限公司名为"蹊径"，也是寄寓于能为旅行者开辟一条寻胜探幽，通往心灵的路径。"蹊径"定位于私人定制及主题自由行市场，专为对旅行有品质诉求的客户设立，打造真正有温度的旅行。为客户定制的旅行线路融入更多的文化元素，希望更多的旅行者能通过文化旅游项目品味最地道的全球文化。2018年，"蹊径"以文体旅融合为背景，推出了"带着一本书去旅行"系列讲座，活动中，资深旅行达人以书籍文字为线索，结合真实旅行经历带领读者探寻更加美好的广袤世界。

7. 阅创空间·声华叶舟文化传播有限公司

成都声华叶舟文化传播有限公司最擅长的就是赋予声音生命力，让它活起来，公司也专注音频数字化制作和编辑。曾参与《成都民俗方言志》音频数字化项目、《成都记忆》订制专属日播节目等项目制作，擅长做经典、精致、精心的有声作品，通过做声音升华，让一本书变成声音、让一个诗歌变成声音、让最原始最朴素的方言，变成可以在耳边回旋的声音，并完成最忠实的记录。2018年2月，《天府文化》对该团队做出了重点宣传并推出了专题报道。

8. 阅创空间·木朵文化传播有限公司

成都木朵文化传播有限公司始创于2014年，一直以来木朵依据大数据建模为市场提供媒介与创意策略，通过媒介资源整合与媒体高密度互动，达到多维度人群定向、场景定向、动态创意定向，使每次宣传效果得到最佳优化。

截至目前，木朵拥有两大新媒体流量渠道，在微博、微信领域占据庞大的流量基础与用户阵营。

艺先僧作为木朵打造的中国新锐艺术媒体，持续关注艺术领域发展与创新，通过展览、画廊、学术讨论等活动，致力于构建艺术家与社会、收藏者之间沟通渠道，自成立以来，已成为在国内有一定知名度与影响力的艺术时尚推手。

9. 阅创空间·四川啮雪文化传播有限公司

推介艺术家陈滞冬先生的作品和言论，借助艺术家观看世界的方式和角度，希望每个人都能感受到居住在自己内心的艺术灵魂。并将艺术家作品研发成有使用价值的艺术衍生品，将新的中国艺术美带到大家的工作和生活中去，装点生命。

五、成都图书馆阅创空间发展方向

阅创空间自正式运作以来，结合自身实际及优势，扎扎实实地推动工作，也取得了一定的经验。下一步工作的开展，主要围绕以下三个方面进行：

（一）完善管理机制

进一步完善阅创空间运行管理机制，建立健全创客团队准入、退出机制。明确孵化团队的数量、开展活动的场次等具体目标，坚定、务实地推动阅创空间健康发展。

（二）拓展空间影响力

进一步拓展"阅创空间"的辐射力和影响力。利用成都公共图书馆联盟的平台和优势，推进阅创空间分空间建设。同时，积极加强与高校的合作，将阅创空间的活动延伸至高校，吸引青年大学生创业者的关注，扩大阅创空间的影响力。

（三）打造创新实验平台

创新实验平台旨在围绕成都图书馆进行图书馆与情报科学、科技创新与创业管理、资源优化与决策等方向的课题研究，创新性挖掘图书馆潜在的文化价值、社会价值及商业价值。

成都图书馆阅创空间会持续关注公众对创新创业、对各类文化产品的需求，结合空间入驻团队的优势，推出更多更好的阅创空间系列活动，为成都市民的精神文化生活提供更优质的服务，培育创新型新文化业态。并将致力于推广此创新空间的模式，加强分空间建设，助力公共图书馆转型发展。

人人皆可创新：
广州图书馆"一起创"创客大赛

广州图书馆

"一起创"是国内首个立足于公共图书馆、面向全民的创客大赛。在国家双创号召、地方创新需求的推动下，"一起创"从 2017 年起每年举办一届，集培训、赛事、展示、交流为一体，结合广州图书馆创客空间日常服务和其他主题活动，打造一个创新实践、分享与交流的平台，在公共图书馆的服务链条延伸、服务内容与形式创新、社会合作创新等方面进行了积极、有益的探索。"一起创"初露锋芒不仅迅速取得图书馆界的认可，在第一届公共图书馆创新创意征集推广活动中获"最佳创意奖""优秀案例奖"等殊荣，还引发热烈的社会反响和广泛的媒体关注、公众好评，成为全城乃至多城大众创新的盛事。

153

一、活动背景

在国家的层面，2014 年李克强总理提出"大众创新，万众创业"，在国内掀起一股"创客"的潮流，"创客空间"如雨后春笋般在多处涌现。创客是指通过创造与分享将想法变为现实的群体和活动，而创客空间的概念外延较广，主要是指集创新、实验、学习等功能为一体的开放式活动场所。

在地方的层面，各地普遍存在创新的需求，而广州市创新创业氛围浓厚、创新活动蓬勃开展的社会背景，为"一起创"在此诞生提供了良好的外部条件。在广州图书馆举办的一系列高尖端创新活动，如广州市"一奖一会一节"（广州国际城市创新奖、广州国际城市创新大会、广州国际创新节），成为"一起创"在此出发的契机。

从公共图书馆的角度，自2013年起创客空间也逐渐进入国内图书馆视野，不仅赋予了图书馆事业新的生机和活力，也为图书馆的转型与超越提供了新的发展思路、视角与启示。国内多家公共图书馆相继建立创客空间，不仅提供物理空间、软硬件设施，更提供符合大众需要的新型服务。2016年借助在广州图书馆举办"创客空间：图书馆里的创造力——人人参与的创客空间"国际学术研讨会的契机，创客空间在广州图书馆建立，并于2017年正式开放，为创客及爱好者提供所需资源、空间、设备、咨询、辅导等相关服务。为进一步推广创客空间新型服务，广州图书馆除了举办相关主题活动，还在2016年举办了首届创新创客大赛，为"一起创"品牌的形成打下基础。

二、活动理念与目标

"一起创"以"人人都可以创新"为理念，旨在实现"全民创客、共建未来"。这使得它从根本上区别于其他创客大赛。

三、活动主体

"一起创"创客大赛有力调动了图书馆、政府、教育局、社会多方资源。在广州市科技创新委员会的指导下，由广州图书馆、广州市青少年科技教育协会、广州市天河区科技工业和信息化局、广州市天河区科学技术协会共同主办，还有多家社会机构对"一起创"给予各方面的支持与协助。同时，从长沙图书馆开始，联动更多城市公共图书馆，扩大活动影响。

1.公共图书馆

"一起创"以图书馆创客空间、儿童与青少年创客空间为基地，充分利用图书馆资源、服务，并通过图书馆平台发动大众参与推动大众创新。

广州图书馆以"连接世界智慧，丰富阅读生活"为愿景，以"建设以人为中心、一流的国际大都市图书馆"为总目标，其定位为具备区域内的体系建设推手、城市文化地标、终身学习中心、泛在知识门户、公共交流平台、多元文化窗口等六大功能，秉持"理性、开放、平等、包容"的理念，致力成为促进阅读、交流与分享，激发理性、灵感与想象力，倡导社会和谐包容的公众共享空间。

广州图书馆具有较高的服务效能。位于广州"城市客厅"花城广场，被誉为"世界上最繁忙的公共图书馆"：2017年日均接待公众访问2.5万人次、注册读者994人次、外借文献3.6万册次、举办活动8场次，创造了我国公共图书馆的服务纪录，跻身世界公共图书馆前列。

广州图书馆一直参与创新。不仅在图书馆服务实践中积极运用创新的技术方法，例如全面应用无线射频识别技术（RFID）、文献自动分拣系统、自助服务设备，实现高效精确的典藏管理与便捷服务；更化身为创新交流的国际化大平台，广州国际创新节、广州国际城市创新奖、广州国际城市创新大会、中国（广州）国际纪录片节均在此举办。

"一起创"符合上述的图书馆定位，有助于其发挥促进教育传播、文化交流等职能。集普及化和国际化于一身的广州图书馆平台，也有助于迅速广泛地推广"一起创"崭新的品牌和理念，在高新科技与日常生活、在创新先锋与普罗大众之间搭建起沟通的桥梁。

2. 政府部门

"一起创"以政府主办的广州国际创新节为展示交流的舞台，与政府打造的国际化创新创业服务平台对接，为大赛延伸的创新项目提供推广和发展的资源。

广州市天河区人民政府、广州市人民政府外事办公室、广州市科技创新委员会联合主办的广州国际创新节（简称创新节），是广州市一年一度的国际盛事。创新节历届在广州图书馆举办，定期邀请来自全球的企业家、投资者、创客、专家学者汇聚一堂，碰撞思维、交流经验、激扬智慧，共同探索全球城市创新发展之路。

广州市天河区打造的"天英汇"，是一个集赛事、资金、人才、载体、服务"五位一体"的国际化创新创业服务平台，调动整合国内外优质创新资源。其主体活动项目——广州天英汇国际创新创业大赛，是一项投融资方向的项目选拔大赛，也是创新创业企业与优质投资机构、创新空间、创业服务、人力资源进行无缝对接，让初创企业得以迅速壮大的高端平台。

"一起创"与站在创新前沿的创新节、站在创业链条终端的天英汇恰恰形成补充。它扎根于普罗大众，让创新观念深入人心，浇灌初发的创新嫩芽，促进政府在更广泛、更深入的层面发挥作用。因此，政府通过这些活动和平台支持"一起创"。创新节为优胜选手提供在国际化舞台获颁奖项、展示交流的机会，天英汇为"一起创"提供品牌支持、相应推广资源、投融资对接服务。政府的线上平台也成为"一起创"宣传推广的又一阵地。

3. 教育部门

"一起创"与教育部门主办的各类校园赛事互相对接,让师生创新实践走出校园,获得教育部门的高度认可。

教育部门的参与,赋予了"一起创"一定的组织性、权威性。主要由广州市青少年科技教育协会牵头,广州市各区动员和组织中小学校师生群体参加活动,并通过广州市青少年科技教育网的线上平台报名,将"一起创"参赛情况纳入师生档案。

4. 社会机构

"一起创"借助社会创客教育机构的专业力量,根据赛事要求,由这些机构承担专业创客培训,提供专业建议,并为大赛运营提供各项支持。

四、活动内容与形式

1. 整体情况

"一起创"面向全社会公开招募,全程免费。根据参赛对象的水平设有"新人""创客"两个级别,划分不同年龄组别,提供公平竞争的平台、各具针对性的赛前培训。除奖金或奖品外,突出创客项目更有机会获得主办方相应推广资源、投融资对接服务。

2. 往届回顾

"一起创"2017年创客大赛以"智能时代"为主题,由报名、赛前培训、模拟赛筛选、技术测试、现场决赛、路演、颁奖典礼等环节组成,并配合举办了教师节8小时"一起创"特别活动、"改变世界，从创客开始——'一起创'2017年创客大赛回顾展"。

新人级按年龄分为亲子、少儿、青少年组。选手以抽签方式组队，每支队伍包含四人。团队确定后，组织基础培训，利用广州图书馆南四楼儿童与青少年创客空间，带领零基础选手认识各种材料、熟悉材料的使用。在模拟赛上，各队选手按照统一主题各自完成作品，根据完成时间、作品完成质量及课堂表现，综合筛选出每组10支队伍进入决赛。入围者在广州图书馆北八楼创客空间等处开展赛前特训、自由练习，进行强化训练，深化创作思路，完成作品雏形，为现场赛打好坚实基础。最终，在广州图书馆负一层大堂，选手使用组委会提供的基础构件、选用自带DIY材料分别进行"智能家居""智能工厂""智能社会"的主题作品创作，现场公布赛果并颁发奖项，还有科学表演助兴，引爆全场。

创客级分为青少年组、成人组。开放主题，要求参赛者自行提交作品、以团队或个人名义参赛。在9月10日举行教师节8小时"一起创"特别活动，由红棉创客导师带领师生团队，在广州图书馆北八楼创客空间现场8小时内制作参赛作品，向公众展示造物全过程，配合现场互动体验，精彩连连。参赛选手在广州图书馆创客空间接受项目指导、造物培训以及自由练习，一方面开拓了思路，另一方面也掌握了相应的开源软硬件应用。在技术测试环节，各队选手根据现场公布的题目"书籍好助手"，在限定时间内完成设计，并利用Arduino主板、传感器、电脑、瓦楞纸、雪糕棍、美纹纸等现场设备及材料进行制作。测试结果按40%比例计入总分。在决赛来临之际，组织选手进行模拟路演、答辩，由指导老师点评、给出改进的建议。最终，在广州图书馆以公开演示的形式进行决赛，由选手介绍设计思路、制作过程、原理及应用前景，回答裁判提问，场内外设有参赛作品展示。评审结果按60%比例计入总分。获奖选手在广州国际创新节舞台领取奖项。

"一起创"的优秀创客作品在广州国际创新节期间，于广州图书馆"改变世界，从创客开始——'一起创'2017年创客大赛回顾展"上展出。

五、活动特点

1. 首次衔接国际舞台

借助广州国际创新节每年在广州图书馆举办的契机，"一起创"2017年创客大赛成为创新节的重要组成部分，实现国外和国内、创新先锋和普罗大众之间的交流。

2017年创新节于11月25日—11月27日在广州图书馆举办，以"创新融入生活"为主题，汇聚来自美国、以色列、英国等50多个国家、地区及国内创新领域的知名专家、学者、企业家、创业团队，揭示科技未来动向。

在2017年广州国际创新节期间，"改变世界，从创客开始——'一起创'2017年创客大赛回顾展"于广州图书馆展出大赛优秀创客作品，大赛创客级颁奖典礼也在广州国际创新节舞台上举行，向来自全球各地的创新人物展示广州创客风采，让世界感受广州市民对创新的热情。

2. 空前零门槛参与

"一起创"特设新人级，接受零基础公众报名，并在广州图书馆提供免费的赛前培训。2017年在三个月内举办46场，服务人次达1380。

3. 创新互动交流平台

"一起创"将培训延伸到线上平台，依托创客微社区打造分享、交流的平台。

"一起创"创客大赛活动在广州图书馆创客空间进行

"一起创"创客大赛教师节 8 小时特别活动

广州图书馆创客微社区于 2017 年 5 月 2 日正式上线，是一个嵌入广州图书馆微信公众号的线上交流平台，面向广大创客导师、创客爱好者，旨在鼓励公众全方位关注创客、参与创客，吸引社会合作。

创客微社区的主要功能有：介绍广州图书馆创客空间服务和资源，提供线上点评指导、共享创客培训资源，创客互动、作品分享展示等。微社区设有空间介绍、活动资讯、创客学院、"一起创"创客大赛、加入我们等多个特色栏目。其中，"一起创"创客大赛专栏，配合赛事环节，提供相应的创客培训资料，开放给公众展示创客作品、接受导师点评、交流参赛心得。

自上线以来，创客微社区收到的总发帖量达 667 篇。随着"一起创"2017 年创客大赛的开展，大赛期间发布图文帖子共 658 篇，读者以评论、点赞、喜欢等形式互动 400 余次。

除了创客微社区，大赛活动还采取多种互动参与形式。如：教师节 8 小时"一起创"特别活动全程进行网上直播，并结合专家连线、现场互动体验等。

4. 率先高度融入图书馆服务

广州图书馆创客空间、儿童与青少年创客空间的相关资源和日常服务，与大赛提供的培训互为补充，给"一起创"选手提供扩展学习和充分练习的机会。

广州图书馆北八楼创客空间向 16 岁以上读者免费开放，设置设计区、制作区、交流分享区、文献区、展示区 5 个区域，配备设计、制作所需的文献、工具、设备、软硬件等资源，供读者预约使用。同时，围绕 3D 打印、建筑设计、工业设计、平面设计、首饰设计、工艺品制作、手工皮具、电子科技工程等主题，定期开展讲座、展览、工作坊、沙龙等各类形式的创客培训及活动。

儿童与青少年创客空间位于广州图书馆南四楼，是为 5—16 周岁儿童与青少年打造的开放空间，配置电脑（配备初、中级建模软件）、3D 打印机、多种 DIY 所需工具等，提供 STEAM 教育、创意编程、电子积木拼搭、3D 打印体验等主题创客服务，每月定期举办公益小创客活动，开展绘本创作、手工艺术坊等培训、讲座及工作坊活动。

5. 具有持续性、可推广性

创新是长期和普遍存在的需求，城市的发展需要源源不断的创新生力军。以需求为导向的公共图书馆在各地都面临着类似的挑战：传统的服务内容和形式已不能满足大众不断增强的创新需求。"一起创"提供了一种崭新的服务形式，也逐步形成较为成熟的组织模式、赛制流程，以及图书馆、政府和教育部门、社会机构三者紧密的合作模式，有望在多个城市复制推广。"一起创"还形成了一套品牌化视觉系统，以独有的标识、视觉设计，通过选手衣服、宣传物料等渠道树立起清晰直观的品牌形象。

六、活动意义与未来

从总体上，"一起创"一方面向社会公众广泛地普及创客精神，强烈激发公众创新热情，也潜移默化地推动着社会创新实践；另一方面促进跨地域文化交流，在推动科技创新的同时实现文化传承与创新。

从公共图书馆的角度，广州图书馆通过举办"一起创"推广创客空间特色资源和服务，大力发挥图书馆在促进创客文化的普及、创客知识的传播、创客群体的挖掘和培育，聚集创客资源、凝聚和发展社会创新力量等方面的重要力量。

"一起创"创客大赛在 2017 年首次举办，就已取得了突出的成效：

- 参与者数量众多，结构多样。覆盖 4—60 岁各年龄段，除了创客之外，还包括了大批零基础的新人。

- 创新成果丰硕。大赛期间诞生约 300 件创意无穷的作品，不少为现场创造。

- 图书馆资源利用率显著上升。创客空间日常使用人次增加近 3 倍。

- 社会反响热烈。80% 受访家长对大赛给出最高分评价，高达 98.8% 的参与者表示愿意继续参加。多位选手及家长表示"大开眼界又涨知识"。

- 围绕大赛的媒体报道覆盖面广、持续性强。从 6 月到 11 月整整 6 个月，在广州图书馆等主办方平台以及《广东科技报》、新华网、南方网等本地多家媒体合计发布相关稿件近 60 篇，累计阅读量超过 80 000。

2018 年在往届的实践经验和社会影响力基础上，有如下新亮点：

- 与设计思维互相促进。作为一种使能方法论，设计思维能帮助人们通过以人为本的方式有效和创新地解决实际问题，以设计思维的创新理念打造"一起创"，也通过"一起创"在全社会推广设计思维。

- 广州、长沙两城联动。广州图书馆和长沙图书馆联动举行创客大赛，并将以资源共享、平台共建、成果共展的形式进行跨地域的文化交流和创新实践。

- 在广州图书馆薪火相传。广州图书馆作为大赛基地，充分发挥平台优势，挑选优秀选手及指导老师，特聘为常驻创客导师，利用大赛和创客空间资源持续传播创客知识、传递创客精神。

未来将进一步完善"一起创"大赛持续开展的长效机制，形成品牌效应，并扩大大赛合作交流的地域范围，丰富合作主体，创新合作模式。

借助"一起创"大赛的品牌形象和社会影响力，利用广州图书馆的资源和平台，跨地域统筹图书馆、政府、教育局、社会各方资源，以国外图书馆设计思维为理论指导，通过广州与长沙两城联动，让大赛走向全国、走向世界。

因此，"一起创"拟从广州与长沙两城联动开始，逐步辐射全国，最终建立全国图书馆（含高校）创客空间联盟，推广大赛模式和经验，共享全国图书馆创客资源，共建全国图书馆创客交流平台，共谋全国图书馆创客服务发展，共同推进创客文化普及推广、创新成果回馈社会。

164

附录　全国十五城市公共图书馆概况表（2017年度）

图书馆名称	行政区域人口总数（万）	馆舍建筑面积（平方米）	阅览座席数（个）	计算机台数			职工人数		专业职称构成				
				合计	读者用机（台）	OPAC查询机（台）	在编	非在编	研究馆员	副研究馆员	馆员	助理馆员	管理员
长春市图书馆	753.8	3.5万	1400	300	171	30	185	—	13	61	66	23	—

开馆时间		延伸服务		办证		年进馆人次（万）	年外借册次（万）	读者活动		
全年（天）	每周（小时）	分馆（个）	馆外流通点（个）	年度办证证量	累计办证量			讲座	展览	培训
365	75.5	94	17	35 577	532 051	150	95	136	30	104

总经费（万元）		购书经费（万元）			全馆藏书（万册）		年入藏新书		年订报刊数（种）	
合计	专项经费	合计	纸质文献	电子文献	纸质文献	电子文献	种	册	报纸	期刊
4006	1863	1200	900	300	294.8	50.2	58 288	123 259	298	4356

业务管理软件名称	数字资源建设		数字资源利用			网站建设		共享工程经费投入（万元）
	购入（数量、名称）	自建（数量、名称）	电子阅览上机（人次）	数字资源馆外访问（人次）	原文传递（篇次）	年点击率（万次）	宽带接入（Mbps）	
Interlib	国研网数据库、博看期刊数据库、库客音乐图书馆、e 线图情、智课英语学练在线学习平台、环球英语资源库、京东咪咕看书、爱不释书、中文在线资源库、市民学习中心、新东方多媒体、维普公共文化服务平台等 12 家 40 余种数据库	东北地方文献索引数据库、长春日伪时期史料汇编、长春市图书馆地方文献数字化平台等 15 种数据库	18 698	539 903	168 292	284.55	1000	共享工程不列入专项下达

成都图书馆

图书馆名称	成都图书馆

行政区域人口总数（万）	馆舍建筑面积（平方米）	阅览座席数（个）
1604.47	21 985	1247

计算机台数			职工人数		专业职称构成				
合计	读者用机（台）	OPAC查询机（台）	在编	非在编	研究馆员	副研究馆员	馆员	助理馆员	管理员
415	259	15	70	67	1	5	31	17	1

开馆时间		延伸服务		办证		年进馆人次（万）	年外借册次（万）
全年（天）	每周（小时）	分馆（个）	馆外流通点（个）	年度办证量	累计办证量		
365	80	8	37	24 518	154 795	160.067	145.4994

读者活动			全馆藏书（万册）		年入藏新书		年订报刊数（种）	
讲座	展览	培训	纸质文献	电子文献	种	册	报纸	期刊
87	25	124	306.2468	174.3692	53 999	114 146	250	4282

购书经费（万元）			总经费（万元）	
合计	纸质文献	电子文献	合计	专项经费
1350	871	479	3641.77	2441.71

168

业务管理软件名称	数字资源建设		数字资源利用			网站建设		共享工程经费投入（万元）
	购入（数量、名称）	自建（数量、名称）	电子阅览上机（人次）	数字资源馆外访问（人次）	原文传递（篇次）	年点击率（万次）	宽带接入（Mbps）	
Interlib	超星、云图（书香成都全民阅读平台）、库克音乐、万方数据、新东方、龙源创新、爱迪科森（职业全能培训库、天天微学习中心）、维普资讯、全国电子报纸索引数据库、蔚秀报告厅、e线图情、国研网网数据库、天禾缘围棋学习平台、天府数据搜索引擎、畅想之星、知网、雕龙古籍全文检索数据库、中国数字方志库	讲座视频约18TB，蜀风雅韵约1.9TB	29 698	348 158	2680	34.8158	500	0

大连市图书馆

行政区域人口总数（万）	690
馆舍建筑面积（平方米）	35 600
阅览座席数（个）	1603

计算机台数		
合计	读者用机（台）	OPAC查询机（台）
650	500	20

职工人数	
在编	非在编
164	–

专业职称构成				
研究馆员	副研究馆员	馆员	助理馆员	管理员
5	18	51	75	3

开馆时间	
全年（天）	每周（小时）
315	72

延伸服务	
分馆（个）	馆外流通点（个）
6	65

办证	
年度办证量	累计办证量
7389	154 286

年进馆人次（万）	年外借册次（万）
292	151

读者活动				
讲座	展览	培训	其他	合计
102	14	429	127	672

总经费（万元）	
合计	专项经费
5048	2411

购书经费（万元）		
合计	纸质文献	电子文献
860.45		439.55

全馆藏书（万册）	
纸质文献	电子文献
414	684

年入藏新书	
种	册
143 722	73 686

年订报刊数（种）	
报纸	期刊
489	5296

数字资源建设	
自建（数量、名称）	共17个
购入（数量、名称）	共26个。2017年新增8个（乐儿动漫、维普普期刊库等）

数字资源利用		
电子阅览上机（人次）	数字资源馆外访问（人次）	原文传递（篇次）
8784	–	10 587

网站建设	
年点击率（万次）	宽带接入（Mbps）
1010	1100

共享工程经费投入（万元）
0

业务管理软件名称
Symphony 3.3

广州图书馆

行政区域人口总数（万）	馆舍建筑面积（平方米）	阅览座席数（个）	计算机台数			职工人数		专业职称构成				
			合计	读者用机（台）	OPAC查询机（台）	在编	非在编	研究馆员	副研究馆员	馆员	助理馆员	管理员
1449.8	9.82万	4000	1245	705	72	295	133	7	23	128	63	66（新入馆未获得职称）

开馆时间		延伸服务		办证		年进馆人次（万）	年外借册次（万）	读者活动			
全年（天）	每周（小时）	分馆（个）	馆外流通点（个）	年度办证量	累计办证量			讲座	展览	培训	其他
313	72	17	20	31.21万	143.31万	795.31	1142.75	311	101	974	阅读推广 1245

总经费（万元）		购书经费（万元）			全馆藏书（万册）		年入藏新书		年订报刊数（种）	
合计	专项经费	合计	纸质文献	电子文献	纸质文献	电子文献	种	册	报纸	期刊
20 571.80	11 240.5	4100	3330.10	769.90	843.31	51.29	104 878	629 778	386	4608

| 业务管理软件名称 | 数字资源建设 | | 数字资源利用 | | | 网站建设 | | 共享工程经费投入（万元） |
	购入（数量、名称）	自建（数量、名称）	电子阅览上机（篇/册次）	馆外访问（人次）	原文传递（篇次）	年点击率（万次）	宽带接入（Mbps）	
Interlib	34个。CNKI系列全文数据库、万方数据知识资源系统、国研网产品库、人大"复印报刊资料"全文数据库、e线图情系列全文数据库、龙源人文电子期刊阅览室、软件通（中新金桥计算机技能自助式网络视频学习系统软件）、超星名师讲坛、慧眼舆情监控系统、中宏城市比较分析系统、中华连环画数字阅览室、点点电子书库软件、少儿多媒体图书馆（视频）、库客数字音乐图书馆、新东方多媒体学习库、MyET英语多媒体资源库、CAMIO艺术博物馆在线数据Package（OCLC）、	7个。广州大典、视频点播库、广州数字文化网、广州人人物数据库、广州人文数字图书馆、中国政府公平信息整合服务平台•广州站、广东历史文献书目数据库	256 441	4581.5	37 496	10 167.7	1000	858

171

银符考试模拟题库、博看电子期刊全文数据库、读秀学术搜索数据库、书香中国数字图书馆、职业全能培训库、知识视界、环球英语多媒体数据库、Emerald全文回溯内容数据库、剑桥回溯期刊全文数据库、晚清和民国时期期刊全文数据库、喜马拉雅有声图书馆数据库、中华数字书苑、SAGE回溯期刊数据库、慧科大中华咨询库、民国时期文献总库、方正Apabi电子图书、民国时期期刊文献总库	

哈尔滨市图书馆

项目	数值	项目	数值
行政区域人口总数（万）	551.06	馆舍建筑面积（平方米）	1.85
阅览座席数（个）	2073		

计算机台数

合计	读者用机（台）	OPAC查询机（台）
209	202	7

职工人数

在编	非在编
139	–

专业职称构成

研究馆员	副研究馆员	馆员	助理馆员	管理员
11	25	71	16	–

开馆时间

全年（天）	每周（小时）
365	64.5

延伸服务

分馆（个）	馆外流通点（个）
51	37

办证

累计办证量	年度办证量
121 540	17 031

年进馆人次（万）	年外借册次（万）
132.77	92.02

全馆藏书（万册）

纸质文献	电子文献
340.69	4.24

购书经费（万元）

合计	纸质文献	电子文献
273.50	413.20	139.70

总经费（万元）

合计	专项经费
2926.10	759.70

年入藏新书

种	册
36 497	55 521

年订报刊数（种）

期刊	报纸
4372	1144

读者活动

讲座	展览	培训	其他	合计
57	39	231	672	999

网站建设

年点击率（万次）	宽带接入（Mbps）
510.67	300

数字资源利用

数字资源馆外访问（人次）	原文传递（篇次）	电子阅览机上机（人次）
554 023	180 656	17 223

共享工程经费投入（万元）
–

数字资源建设

购入（数量、名称）	中文在线 1.331TB、万方 45TB、智课教育 3.4TB、网博雅乐两个数据库共计 7TB、爱迪科森 1339GB、博看 6.5TB、同方知网 5.68TB、读秀 225TB、歌德机 80GB
自建（数量、名称）	网事典藏本地数据 342GB、哈尔滨讲坛 45 节

业务管理软件名称： Interlib

杭州图书馆

图书馆名称	行政区域人口总数（万）	馆舍建筑面积（平方米）	阅览座席数（个）	计算机台数			职工人数		专业职称构成				
				合计	读者用机（台）	OPAC查询机（台）	在编	非在编	研究员	副研究馆员	馆员	助理馆员	管理员
	946.8	49 488	3949	360	164	43	172	25	4	21	72	39	19

开馆时间		延伸服务		办证		年进馆人次（万）	年外借册次（万）	读者活动				
全年（天）	每周（小时）	分馆（个）	馆外流通点（个）	年度办证量	累计办证量			讲座	展览	培训	其他	合计
365	84	15	58	-	650 533	4 119 288	3 134 204	462	87	217	996	1762

总经费（万元）		购书经费（万元）			全馆藏书（万册）		年入藏新书		年订报刊数（种）	
合计	专项经费	合计	纸质文献	电子文献	纸质文献	电子文献	种	册	报纸	期刊
7954	2870	1405.1	1012.19	437.92	564	101	133 555	352 846	332	3611

业务管理软件名称	数字资源建设		数字资源利用			网站建设		共享工程经费投入（万元）
	购入（数量、名称）	自建（数量、名称）	电子阅览上机（人次）	数字资源馆外访问（人次）	原文传递（篇次）	年点击率（万次）	宽带接入（Mbps）	
Interlib	1. 中小阅读平台数据库 2. 中华连环画 3. EPS 全球统计数据分析平台 4. 中国知网全文期刊数据库 5. OCLC 书目数据库 6. 国研网数据库 7. 新东方多媒体学习库 8. 瀚堂典籍 9. 近代报刊数据库 10. 人大复印资料数据库 11. 库客音乐数据库 12. 社科文献皮书系列数据库 13. 龙源期刊阅览室 14. 大学专业课程学习数据库 15. 中国方志丛刊数据库 16. 中国科技指标数据库	1. 民国书 2. 民国图片 3. 杭州风景名胜 4. 杭州石刻造像 5. 杭州地方名产 6. 杭州古今坊巷 7. 杭州名人故居 8. 杭州民间故事 9. 杭州风俗 10. 古今谈 11. 杭州地方文献	27 328	1 486 605	—	111.64	700	53.2

175

17. "知识世界"科学教育视频库					
18. 正保多媒体视频					
19. 贝贝国学启蒙教育数据库					
20. 汇法网					
21. e线图情					
22. 时夕乐听网					
23. 多纳智慧魔方					
24. 博学易知学习平台					
25. 优米职场预备课数字资源库					
26. 中华再造善本数据库					
27. 万方数据中小学数字图书馆					
28. 杭报集团内容数据库					
29. 乐于学少儿多媒体图书馆					
30. 软件通					
31. 乐儿科普动漫					
32. 中文在线					
33. GPD全球产品样本库					

176

济南市图书馆

图书馆名称	济南市图书馆
行政区域人口总数（万）	700
馆舍建筑面积（平方米）	5000
阅览座席数（个）	3000

计算机台数		
合计	读者用机（台）	OPAC查询机（台）
547	278	29

职工人数	
在编	非在编
118	0

专业职称构成				
研究馆员	副研究馆员	馆员	助理馆员	管理员
4	18	49	34	5

开馆时间	
全年（天）	每周（小时）
365	84

延伸服务	
分馆（个）	馆外流通点（个）
1	36

办证	
年度办证量	累计办证量
4万	30万

年进馆人次（万）	年外借册次（万）
180	165

读者活动				
讲座	展览	培训	其他	合计
93	24	235	-	352

全馆藏书（万册）	
纸质文献	电子文献
334	248.4

年入藏新书	
册	种
22.7万	8万

年订报刊数（种）	
报纸	期刊
245	2452

购书经费（万元）		
合计	纸质文献	电子文献
699.59	599.59	100

总经费（万元）	
合计	专项经费
5124.36	2767.93

业务管理软件名称	数字资源建设		数字资源利用			网站建设		共享工程经费投入（万元）
	购入（数量、名称）	自建（数量、名称）	电子阅览上机（人次）	数字资源馆外访问（人次）	原文传递（篇次）	年点击率（万次）	宽带接入（Mbps）	
Interlib2.0	54.29T，包括：维普、知网、方正、龙源期刊、万方视频、读秀学术搜索、移动图书馆、国研网、慧科新闻、爱不释书少儿资源、e线图情、全国电子报纸全文库	1.164T，含：党的十九大、济图公开课、网上展厅、民国文献资源库、读书人摄影展、文化信息快报、信息摘编、新书推荐、悦读荐书、专题推荐、名泉动态、政府公开信息、赠书专题	117 805	1 255 162	6259	73.47	400	－

图书馆名称：金陵图书馆

行政区域人口总数（万）	馆舍建筑面积（平方米）	阅览座席数（个）	计算机台数 合计	读者用机（台）	OPAC查询机（台）	职工人数 在编	非在编	专业职称构成 研究馆员	副研究馆员	馆员	助理馆员	管理员
833.50	25 165	1415	374	274	23	120	13	3	14	47	47	4

开馆时间 全年（天）	每周（小时）	延伸服务 分馆（个）	馆外流通点（个）	办证 累计办证量	年度办证量	年进馆人次（万）	年外借册次（万）	读者活动 合计	其他	培训	展览	讲座
365	72	22	54	275 056	73 717	236.95	136.77	661	457	26	72	106

总经费（万元） 合计	专项经费	购书经费（万元） 合计	纸质文献	电子文献	全馆藏书（万册） 纸质文献	电子文献	年入藏新书 种	册	年订报刊数（种） 报纸	期刊
12 019.4	9128.3	520	375	145	207.13	244.43	43 645	84 205	277	2727

业务管理软件名称	数字资源建设		数字资源利用			网站建设		共享工程经费投入（万元）
	购入（数量、名称）	自建（数量、名称）	电子阅览上机（人次）	数字资源馆外访问（人次）	原文传递（篇次）	年点击率（万次）	宽带接入（Mbps）	
汇文	19个。中国知网、万方数据、维普智立方、人大复印报刊资料全文数据库、人民日报图文数据库、畅想之星电子书、"知识视界"视频教育资源库、Artlib世界艺术鉴赏库、超星移动阅读平台、读秀知识库、读览天下期刊数据库、博看期刊数据库、网上报告厅、北大法宝、超星汇雅PDG电子图书、经典古籍资源库数据库服务、江苏省少儿数字图书馆联合采购	31个。南京方言、台湾档案专题、馆藏丛书目录索引、金陵折剧、南京曲艺、孙中山研究书籍、孙中山著作文章、孙中山题词手迹、孙中山研究资料、孙中山纪念场所、南京名人旧居、南京记忆、金图电纸书、南京文萃、南京旧照片、南京民国建筑网、老照片、彼此空间、南京地方志、魏晋南北朝雕塑、南京年鉴、南京明城墙、金陵明韵、傅抱石专辑、孙中山研究论文、南京地方法律法规数据库、南京诗文集、南京民国建筑专辑、郑和研究专题、南京云锦、金陵图书馆藏历代金石文献库、金图讲坛	15 555	23 506	9268	170.46	500	0

图书馆名称

宁波市图书馆

行政区域人口总数（万）	787
馆舍建筑面积（平方米）	47 169
阅览座席数（个）	1106

计算机台数

合计	读者用机（台）	OPAC查询机（台）
395	241	12

职工人数

在编	非在编
69	50

专业职称构成

研究馆员	副研究馆员	馆员	助理馆员	管理员
2	12	21	20	1

开馆时间

全年（天）	每周（小时）
365	74.5

延伸服务

分馆（个）	馆外流通点（个）
6	213

办证

年度办证量	累计办证量
15 132	172 171

年进馆人次（万）	年外借册次（万）
135.74	265

读者活动

讲座	展览	培训	其他	合计
81	76	60	714	850

总经费（万元）

合计	专项经费
9449	7215

购书经费（万元）

合计	纸质文献	电子文献
780	632	148

全馆藏书（万册）

合计	纸质文献	电子文献
338	238	148

年入藏新书（万册）

册	种
185 470	102 872

年订报刊数（种）

报纸	期刊
262	1853

数字资源建设

购入（数量、名称）	自建（数量、名称）
23个。万方、知网等	5个。申报、四明丛书、宁波文史资料等

数字资源利用

电子阅览上网机（人次）	数字资源馆外访问（人次）	原文传递（篇、次）
12 059	24 639 653	640 135

网站建设

年点击率（万次）	宽带接入（Mbps）
24 200 478	1400

共享工程经费投入（万元）
115

业务管理软件名称： Interlib

图书馆名称：青岛市图书馆

行政区域人口总数（万）	馆舍建筑面积（平方米）	阅览座席数（个）
920	25 794	1994

计算机台数			职工人数		专业职称构成				
合计	读者用机（台）	OPAC查询机（台）	在编	非在编	研究馆员	副研究馆员	馆员	助理馆员	管理员
398	160	20	99	4	4	18	40	40	1

开馆时间		延伸服务		办证		年进馆人次（万）	年外借册次（万）
全年（天）	每周（小时）	分馆（个）	馆外流通点（个）	年度办证量	累计办证量		
364	80.5	12	52	20 729	202 066	185	115

读者活动				
讲座	展览	培训	其他	合计
100	40	134	401	675

年订报刊数（种）		年入藏新书（万册）		全馆藏书（万册）	
报纸	期刊	种	册	纸质文献	电子文献
2620	318	39 333	91 874	270	25

购书经费（万元）			总经费（万元）	
合计	纸质文献	电子文献	合计	专项经费
800	510.1	276.1	3993.52	1397.12

数字资源建设

购入（数量、名称）	自建（数量、名称）
15个。知网、万方、维普、超星手机图书馆等	民国文献书目数据库、青岛地方文献书目数据库、涉海古籍文献信息库

数字资源利用			网站建设		共享工程经费投入（万元）
电子阅览上机（人次）	数字资源馆外访问（人次）	原文传递（篇次）	年点击率（万次）	宽带接入（Mbps）	
31 373	1 217 091	2577	553 000	250	110

业务管理软件名称
Interlib

图书馆名称	沈阳市图书馆												
行政区域人口总数（万）	馆舍建筑面积（平方米）	阅览座席数（个）	计算机台数 合计	读者用机（台）	OPAC查询机（台）	职工人数 在编	非在编	专业职称构成 研究员	副研究馆员	馆员	助理馆员	管理员	
822.9	42 474	1633	661	222	6	127	0	13	29	60	4	3	
开馆时间 全年（天）	每周（小时）	延伸服务 分馆（个）	馆外流通点（个）	办证 年度办证量	累计办证量	年进馆人次（万）	年外借册次（万）	读者活动 讲座	展览	培训	其他	合计	
365	163.5	119	0	11 283	152 997	312.4801	168.6685	73	22	64	47	206	
总经费（万元）合计	专项经费	购书经费（万元）合计	纸质文献	电子文献	全馆藏书（万册）纸质文献	电子文献	年入藏新书 种	册	年订报刊数（种）报纸	期刊			
4665.42	1617.93	1000	600	400	320.6570	264.5693	78 443	150 394	559	2705			

业务管理软件名称	数字资源建设		数字资源利用			网站建设		共享工程经费投入（万元）
	购入（数量、名称）	自建（数量、名称）	电子阅览上机（人次）	数字资源馆外访问（人次）	原文传递（篇次）	年点击率（万次）	宽带接入（Mbps）	
Interlib V2.0.1	中科 UMajor、中科 VIPExam、智课英语、网上报告厅、职业数据库、书香中国数据库、尚唯产品样本数据库、尚唯科技报告资源服务系统、北大法宝数据库、e 线图情、万方数据知识服务平台（远程网络）、万方数据知识服务平台（远程）、万方视频（本地镜像）、新方志数据库（远程）、新方志数据（本地镜像）、执业资格学习系统、环球英语多媒体资源库、笔杆论文写作辅导系统、乐学网新闻资讯系统、库客（Kuke）数字音乐图书馆、中国知网数据库、博看（电脑版）、（手机版）、读秀（微信版）、（触摸屏）	东北现代文学、商业广告、大事记、工作动态、房地产广告、文化信息、文化艺术、新书介绍、沈阳人物、沈阳图典、沈阳地方法规、百年记忆、万物溯源、公益讲座（辽海讲坛）、新闻图片库、家庭装修、植物、汽车、活动剪影、热销书摘、科普园地、装备制造业、四库全书、东北老报纸、地方文献数据库、视频数据库	35 057	9 999 949	8720	710	1000	0

深圳图书馆

图书馆名称	行政区域人口总数（万）	馆舍建筑面积（平方米）	阅览座席数（个）	计算机台数			职工人数		专业职称构成				
				合计	读者用机（台）	OPAC查询机（台）	在编	非在编	研究馆员	副研究馆员	馆员	助理馆员	管理员
深圳图书馆	1252.83	49 589	2172	910	293	52	251	0	11	33	125	34	25

开馆时间		延伸服务		办证		年进馆人次（万）	年外借册次（万）	读者活动					
全年（天）	每周（小时）	分馆（个）	馆外流通点（个）	年度办证量	累计办证量			讲座	展览	培训	其他	合计	
313(主馆)+365(自助图书馆/南书房/讲读厅)	72（主馆）+112（南书房/讲读厅）+168（自助图书馆）	4	240（自助图书馆）+64（图书服务站）	80 139	1 204 566	442.11	446.23	201	39	454	782	1476	

总经费（万元）		购书经费（万元）			全馆藏书（万册）		年入藏新书		年订报刊数（种）	
合计	专项经费	合计	纸质文献	电子文献	纸质文献	电子文献	种	册	报纸	期刊
21536	9388	2485	1910	575	511.35	435.47	117 348	318 773	382	5540

业务管理软件名称	数字资源建设		数字资源利用			网站建设		共享工程经费投入（万元）
	购入（数量、名称）	自建（数量、名称）	电子阅览上机（人次）	数字资源馆外访问（人次）	原文传递（篇次）	年点击率（万次）	宽带接入（Mbps）	
ULAS、RFID文献管理智能管理系统	电子报刊数据库（16种）： 1.CNKI 2.维普 3.慧科电子新闻（慧科新闻搜索数据库、慧科新闻搜索） 4.人大复印资料 5.人民数据库 6.博看网 7.EBSCO 8.ProQuest 9.OCLC 10.读秀 11.龙源电子期刊阅览室（包含微信期刊阅览室） 12.华艺台湾学术文献数据库 13.万方（中国学术期刊数据库） 14.晚清、民国时期期刊全文数据库	1.VOD 2.共享工程影视欣赏 3.深圳市领导办公决策服务系统 4.深圳图片库 5.深圳文库 6.深圳地方报刊创刊号数据库 7.深圳文化精品数据库 8.深圳高交会 9.深圳文博会 10.深圳文化设施 11.文化大讲堂 12.文化共享奥运行 13.馆藏珍本古籍 14.改革开放三十年文化作品展	446 184	665 481	94 195	1530.5	957	11.99

		15. 盲人在线阅读与收听 16. 赠书名录数据库 17. 深圳非物质文化遗产资源数据库 18. 深圳城市景观雕塑数据库 19. 深圳群众文化艺术获奖作品数据库 20. 深圳大运会媒体报道 21. 深图读者活动 22. 随书光盘 23. 深圳记忆
		15. Lexis Advance 16. Factiva.com 电子图书（6种）： 1. Apabi 电子书 2. 中国基本古籍库 3. 超星（读秀、歌德电子图书、书世界） 4. 书香深圳 5. OverDrive 6. 云图 其他（33种）： 1. CNKI（含会议和硕、博士论文库、工具书、中国年鉴网络出版总库、中国标准全文数据库） 2. 维普（含考试资源库） 3. 万方（视频、医学网临床诊疗知识库、中国学位论文数据库、中国学术会议数据库、科技成果、中国机构数据库） 4. 北大法宝 5. 国研网

187

6. 中国资讯行						
7. 中经网						
8. 中国大百科全书						
9. 中宏产业数据库						
10. 参考消息全文数据库						
11. 英纺服饰网						
12. 新东方多媒体学习库						
13. e线图情						
14. KUKE数字音乐图书馆						
15. LexisNexis						
16. CA						
17. 爱迪科森（网上报告厅，职业全能培训库，天天.微学习中心）						
18. 高等教育视频资源数据库						
19. 皮书数据库						
20. 不列颠百科全书						
21. 超星视频库						
22. 北大法意						
23. 智课网						
24. 正保（会计视频数据库，医学视频数据库）						

25. 天闻少儿智趣视听馆					
26. 云图数字有声图书馆					
27. 博云随书光盘云数据库					
28. MyET 英语学习资源库					
29. Factiva.com					
30. 软件通					
31. 中科 VIPExam 考试学习资源数据库					
32. 列国志					
33. EMIS 全球新兴市场商业资讯数据库					

武汉图书馆

图书馆名称	武汉图书馆

行政区域人口总数（万）	馆舍建筑面积（平方米）	阅览座席数（个）	计算机台数			职工人数		专业职称构成				
			合计	读者用机（台）	OPAC查询机（台）	在编	非在编	研究馆员	副研究馆员	馆员	助理馆员	管理员
1076.62	37 856.12	1851	380	165	8	147	14	5	32	67	27	1

开馆时间		延伸服务		办证		年进馆人次（万）	年外借册次（万）	读者活动				合计
全年（天）	每周（小时）	分馆（个）	馆外流通点（个）	年度办证量	累计办证量			讲座	展览	培训	其他	
365	84	18	82	60 680	402 559	375.9	310.6	115	17	194	749	1075

总经费（万元）		购书经费（万元）			全馆藏书（万册）		年入藏新书		年订报刊数（种）	
合计	专项经费	合计	纸质文献	电子文献	纸质文献	电子文献	种	册	报纸	期刊
5539	2150	1050	857	193	309.5	200	68 706	119 355	2216	7849

业务管理软件名称	数字资源建设		数字资源利用			网站建设		共享工程经费投入（万元）
	购入（数量、名称）	自建（数量、名称）	电子阅览上机（人次）	数字资源馆外访问（人次）	原文传递（篇次）	年点击率（万次）	宽带接入（Mbps）	
Interlib	14个：维普信息资源系统、维普考试资源系统、万方数字资源系统、"知识博看网、天方有声图书馆、馆藏古视界"科学教育视频库、外研社外语资源库、库客数字音乐图书馆、市民超星电子书、移动图书馆、CAMIO艺术博物馆在线数学堂、E线图情、全国报刊索引据库、	9个：馆藏图书书目数据库、馆藏期刊书目数据库、馆藏光盘数籍书目数据库、"武图讲座"资源库、《武汉文史资料》全文数据库、武汉地方特色多媒体数据库、政府公开信息全文数据库、武汉市反腐倡廉建设文献信息中心数据库	25 883	623万	1311	1034	200	288

191

西安图书馆

图书馆名称	行政区域人口总数（万）	馆舍建筑面积（平方米）	阅览座席数（个）	计算机台数 合计	读者用机（台）	OPAC查询机（台）	职工人数 在编	非在编	专业职称构成 研究馆员	副研究馆员	馆员	助理馆员	管理员
西安图书馆	870	15 752	1200	272	266	6	60	20	1	16	29	8	0

开馆时间 全年（天）	每周（小时）	延伸服务 分馆（个）	馆外流通点（个）	办证 年度办证量	累计办证量	年进馆人次（万）	年外借册次（万）	读者活动 讲座	展览	培训
365	75.5	19	—	26 357	82 054	115.2	65.79	395	126	2

总经费（万元）合计	专项经费	购书经费（万元）合计	纸质文献	电子文献	全馆藏书（万册）纸质文献	电子文献	年入藏新书（种）种	册	年订报刊数（种）报纸	期刊
2079.26	1137.38	652.08	352.08	200	102.83	31.81	28 346	59 413	227	3928

业务管理软件名称	数字资源建设		数字资源利用			网站建设		共享工程经费投入（万元）
	购入（数量、名称）	自建（数量、名称）	电子阅览上机（人次）	数字资源馆外访问（人次）	原文传递（篇次）	年点击率（万次）	宽带接入（Mbps）	
Interlib3.0	共购入 5 个数据库 1. 系列数据库（超星移动图书馆、超星学术视频、超星电子书、超星知络图书馆） 2. 新东方多媒体学习平台 3. 方正 Apabi 数字图书馆 4. 博看期刊数据库 5. 中国知识资源总库（CNKI）	共自建 5 个数据库 1. 西安非物质文化遗产数据库 2. 西安图书馆光盘 ISO 镜像下载数数据库 3. 天禄之声名师将西安系列 4. 天禄之声读书学习生活系列 5. 天禄讲坛在线	49 668	8 347 769	180	30.35	300	22.75

厦门市图书馆

图书馆名称	行政区域人口总数（万）	馆舍建筑面积（平方米）	阅览座席数（个）	计算机台数			职工人数		专业职称构成				
				合计	读者用机（台）	OPAC查询机（台）	在编	非在编	研究馆员	副研究馆员	馆员	助理馆员	管理员
	401	27 332（不含即将开馆的集美新城馆区 59 967）	4432	371	352	19	101	50	2	15	57	51	3

开馆时间		延伸服务		办证		年进馆人次（万）	年外借册次（万）	读者活动				
全年（天）	每周（小时）	分馆（个）	馆外流通点（个）	年度办证量	累计办证量			讲座	展览	培训	其他	合计
365	82	20	6	38 791	449 227	449	361.68	100	74	456	671	1301

购书经费（万元）			全馆藏书（万册）		年入藏新书数（种）		年订报刊数（种）		
合计	纸质文献	电子文献	纸质文献	电子文献	册	电子文献（种）	报纸	期刊	
890	700	190	304.73	50.78	536 985	115 338	233	1718	另有征集报刊 159 种

总经费（万元）	
合计	专项经费
18 767.74（含集美新城图书馆二装工程建设投入 9767 万元）	15 664.16

194

业务管理软件名称	数字资源建设		数字资源利用			网站建设		共享工程经费投入（万元）
	购入（数量、名称）	自建（数量、名称）	电子阅览上机（人次）	数字资源馆外访问（人次）	原文传递（篇次）	年点击率（万次）	宽带接入（Mbps）	
Interlib	清华同方知网（CNKI）（包括期刊、报纸、年鉴、工具书库）、维普科技期刊、方正Apabi电子图书、Apabi年鉴、超星电子图书，万方数据库（包括会议论文、标准、医学会期刊）、中经视频、世图外文电子图书、龙源电子期刊、中宏网、连环画、维普考试库、网上报告厅、新东方口语等33个数据库，共85.48TB	厦门记忆、非物质文化遗产、厦门市政府信息公开、便民公告、厦门会展览胜、报纸地方稿篇名索引、本馆讲座录像、影片、素材库其他自建库等共28.865TB	61 849	14 357 462	740 801	1 586 981	1200	—

195